As senhoritas de Amsterdã

*Confissões das gêmeas prostitutas
mais antigas da cidade*

Martine & Louise Fokkens

As senhoritas de Amsterdã

*Confissões das gêmeas prostitutas
mais antigas da cidade*

Tradução de Gustavo de Azambuja Feix

Texto de acordo com a nova ortografia.

Título original: *Les demoiselles d'Amsterdam*

Tradução: Gustavo de Azambuja Feix
Capa e arte: Ivan Pinheiro Machado *Foto*: Rob Schröder
Preparação: Jó Saldanha
Revisão: Guilherme da Silva Braga
Mapa das páginas 16 e 17: Eric Hammink

CIP-Brasil. Catalogação na fonte
Sindicato Nacional dos Editores de livros, RJ

F694s

Fokkens, Martine, 1941-
  As senhoritas de Amsterdã: confissões das gêmeas prostitutas mais antigas da cidade / Martine Fokkens, Louise Fokkens; tradução Gustavo de Azambuja Feix. – 1. ed. – Porto Alegre, RS: L&PM, 2014.
  208 p. : il. ; 21 cm.

  Tradução de: *Les demoiselles d'Amsterdam*
  ISBN 978-85-254-3083-0

  1. Fokkens, Martine, 1941-. 2. Fokkens, Louise, 1941-. 3. Mulheres - Biografia. 4. Prostituição. I. Fokkens, Louise. II. Título.

13-07924	CDD: 920.72
	CDU: 929-055.2

Copyright © Martine and Louise Fokkens, 2011
Publicado mediante acordo especial com BERTRAM EN DE LEEUW PUBLISHERS em conjunto com seus devidamente designados agente, 2 Seas Literary Agency, e coagente, VBM Agência Literária.

Todos os direitos reservados. Nenhuma parte deste livro pode ser reproduzida ou transmitida em qualquer formato ou por qualquer meio eletrônico ou mecânico, incluindo fotocópia, gravação ou qualquer sistema de armazenamento e recuperação, sem autorização por escrito do editor.

Todos os direitos desta edição reservados a L&PM Editores
Rua Comendador Coruja, 314, loja 9 – Floresta – 90220-180
Porto Alegre – RS – Brasil / Fone: 51.3225.5777

PEDIDOS & DEPTO. COMERCIAL: vendas@lpm.com.br
FALE CONOSCO: info@lpm.com.br
www.lpm.com.br

Impresso no Brasil
Verão de 2014

Sumário

Apresentação: As irmãs Fokkens – *Gabrielle Provaas* 11

O touro pelos chifres 18

O senhor elegante 20

Congo Star 22

Nelis, o Apressadinho 24

Teste de admissão 25

O horário de pico da manhã 27

Na ativa 30

Pássaro de mau agouro 32

A escada do sótão 34

Minha irmã nunca faria uma coisa dessas! 36

Nigtevecht 39

Batismo de fogo 41

O manco 43

No armário da cozinha 45

Tá quente, tá frio 47

O limpador de vidros 49

Cortinas fechadas 50

Paixão no bairro da Luz Vermelha 54

Mordidinhas 56

Cadeira de relaxamento 58

A história de Lex 60

Dois coelhos com uma cajadada só 63
Uma voltinha 65
Meia-porta 67
Keesje e tia Mip 70
A major Bosshardt e "Toos" 72
O diretor 76
Alfa Romeo 77
O Salão do Automóvel 80
Calças de vinil 82
O anão de jardim 83
As luvas de Hettie 85
Brincando de médico 87
Barrie e sua vara 88
O varapau 90
A Procissão do Silêncio ou a marcha dos cacetes em chamas ... 92
O desfile dos garanhões 97
O zero à esquerda 99
O escravo desobediente 101
Meu lindo ianque 103
O cheirado 107
Tal pai, tal filho 110
A história de Floris 113
Um parto no De Wallen 114
Tem que prestar queixa! 119
Josef e Marie fazem os sinos badalarem 121
É proibido! 123
Marie e o rabino 125

Incêndio no bordel 127

A exaustão 131

Mães que trabalham 133

Teun, o egomaníaco 136

Loutje Pequeno Polegar, o Doidinho 137

O crianção 139

Cara ou coroa 142

Um cantinho só para nós 144

O halterofilista 146

Sem subsídio 148

Um dia no zoológico Artis 150

Uma boa escovada 154

O coitado do vizinho 156

O vizinho mala 158

Escrava por um dia 160

O masoquista de couro 162

A virgem e o homem 166

Como Hannes virou Hannie 168

Pirocão de cavalo 170

O advogado 173

Já faz muito tempo 175

A história de Hans 177

A Oude Nieuwstraat 180

Verdadeiros clientes, para sempre 183

Uma vez puta… 185

Com a palavra, as gêmeas

A quem dedicamos este livro?

A todas as pessoas que acreditaram em nós e continuaram a nos apoiar contra tudo e contra todos.

A todos os clientes que se mantiveram fiéis ao longo dos anos. Muitos se tornaram ótimos amigos e nos deram amparo em momentos de necessidade. Bastava chamá-los para que viessem nos ajudar.

Na medida do possível, nos divertimos com os homens que nos cercavam, com sorrisos e muito humor.

Superamos a vergonha.

Agradecemos sobretudo a nosso pai e nossa mãe que, infelizmente, não se encontram mais entre nós. Eles nos apoiaram apesar de todas as dificuldades e sempre nos ajudaram com as crianças e os netos. Bastava uma palavra para que estivessem presentes.

Agradecemos também a todos aqueles que jamais nos julgaram.

Martine e Louise Fokkens,
IJmuiden, 2011

Apresentação
AS IRMÃS FOKKENS

*Gabrielle Provaas**

LOUISE E MARTINE FOKKENS são gêmeas univitelinas e têm setenta anos. São desde sempre inseparáveis. Trabalharam durante quase cinquenta anos atrás da vitrine do De Wallen, o bairro da Luz Vermelha de Amsterdã.

Nasceram durante a Segunda Guerra Mundial, na zona oeste de Amsterdã. Seus pais são autênticos jordaanenses – isto é, habitantes do bairro de Jordaan – e nasceram aos pés da Westertoren, a torre da igreja Westerkerk. O pai delas faz parte da Resistência, ocupa-se dos clandestinos e destila, em segredo, gim e *advocaat*, um licor à base de ovos. A família sobrevive por um triz à guerra e ao "Inverno da Fome". Mais tarde, o pai obtém um emprego bem remunerado em uma companhia de seguros, e a família se instala na Amstelkade, em um bairro mais elegante do sul. Trata-se de uma família calorosa de sete filhos, em que se praticam diversas atividades: música, pintura e trabalhos manuais. Louise e Martine são também fanáticas jogadoras de basquete.

Em seu período de glória, Louise foi coroada rainha do bairro da Luz Vermelha, pois fazia um estrondoso sucesso com seus longos cabelos cacheados, seu corpo violão e sua cabeça sempre erguida. Seu temperamento permaneceu o mesmo da juventude: ela é dominante, teimosa, fogosa. Sem dúvida é a gêmea que nasceu antes, tem a cabeça maior e uma constituição física um pouco mais forte. Nas conversas, é quem fala mais.

---

* Diretora (juntamente com Rob Schröder) do documentário *Meet the Fokkens* (2011).

Dona de uma memória prodigiosa, é capaz de contar suas lembranças nos mínimos detalhes. Aliás, seu talento de narradora é revelado neste livro.

Não por acaso Louise foi a primeira a mergulhar na prostituição. Na mocidade, sonha com uma vida repleta de aventuras, e o bairro da Luz Vermelha a fascina. Tem pouco interesse pela escola, prefere ir ao cinema com a irmã e receber cantadas dos adolescentes durões. No entanto, não foi por vontade própria que acabou caindo na vida. Aos dezessete anos, Louise se viu grávida de Willem, um malandro do Pijp, um bairro de subúrbio. Do relacionamento resultou um casamento forçado pois, aos olhos de seus pais, ser mãe solteira era uma infâmia.

Louise é louca por Willem, por sorte. Terão mais dois filhos. No entanto, o "Belo Willem" adora o glamour: carros, mas não qualquer carro; carrões norte-americanos, férias na Espanha, vida noturna e mulheres. Quando Louise está com vinte anos, ele a obriga com brutalidade a vender seu corpo. Ela acaba em um bordel do bairro da Luz Vermelha no começo dos anos 60.

Martine foi a segunda gêmea a nascer e não tem problema algum em representar o papel de coadjuvante. Enquanto Louise se revolta com facilidade contra a injustiça, Martine é calma e muitas vezes resignada. Revela com malícia o humor de certas situações e aborda a vida como ela é. Porém, faria qualquer coisa pela irmã. Assim, Willem leva repreendas com frequência quando maltrata sua esposa.

Aos dezenove anos, Martine se casa com Jan, um amigo do Belo Willem. Um pouco antes de dar à luz a primeira filha, descobre que a irmã se prostituía havia meses no bairro da Luz Vermelha. Não consegue acreditar. "Minha irmã nunca faria uma coisa dessas!" Martine primeiro é contratada como empregada no bordel em que trabalha Louise. No entanto, um ano depois, quando sua família precisa de dinheiro, decide "embarcar também". Faz no mínimo tanto sucesso quanto a irmã.

Na Oudezijds Voorburgwal se encontra o primeiro bordel em que as gêmeas trabalham durante quase dez anos. Muitas vezes juntas, para deleite de seus clientes. Em 1965, recebem a visita da princesa Beatriz que, incitada pela curiosidade e disfarçada, descobre o bairro da Luz Vermelha na companhia da major Bosshardt, do Exército de Salvação.

Naqueles anos, o De Wallen é um bairro popular, animadíssimo. Não há apenas bordéis: lá se encontram ateliês, pequenos estabelecimentos comerciais, cafés e restaurantes. A criminalidade ainda é esporádica e unicamente local, como no caso da prostituição, que representa a maior fonte de renda. Ganham-se fortunas. Inúmeras mulheres fazem ponto na rua ou nos cafés. A onda da prostituição em vitrines só surge na metade dos anos 60. As moças se vestem normalmente e os policiais vigiam para que as saias cubram os joelhos. Mais tarde, Louise e Martine trabalham na Oude Nieuwstraat, uma ruazinha entre a Singel e a Spuistraat, onde antigas putas dirigem pequenos bordéis de um ou dois quartos.

Depois de batalhar durante anos, as irmãs se instalam por conta própria. Martine e Louise compram em 1978 seu próprio bordel, na Koestraat, uma ruela situada entre a Kloveniersburgwal e a Oudezijds Achterburgwal. Dez anos depois, abrem um bistrô na esquina da rua, As Duas Taurinas, cujo nome é inspirado em seu signo.

Para elas é um período de libertação. Não há mais homem nem patroa para ditar as regras. Contudo, as coisas estão longe de ser fáceis. Com o aumento da criminalidade ligada às drogas e ao tráfico de mulheres, a vida no bairro fica complicada. De Wallen, assim como a economia, se globaliza. As moças não vêm mais da cidade ou do interior, mas dos quatro cantos do mundo. É o fim repentino de uma tradição holandesa de aliciamento e de barganha, de jogo e de mistério, nos moldes em que Louise e Martine aprenderam a trabalhar. Após doze movimentados anos, com bons momentos e períodos de vacas magras, elas decidem vender os dois locais no começo dos anos 90.

Desde então, Louise praticamente não trabalhou mais. Martine, no entanto, seguiu atrás de sua vitrine, na Oude Nieuwstraat*. Há alguns anos, Rob Schröder, um colega diretor, se muda para aquela pitoresca ruela de pedestres. Entre um cliente e outro, Martine, que leva jeito com as plantas, cuidava de seu minijardim ao longo da fachada. Do de Rob também. Eles começam uma conversa.

— Adoraria fazer um filme sobre esta rua — diz Rob —, e você teria o papel principal.

Martine concordou em pensar no assunto.

— Minha irmã também pode participar?

E foi assim que conhecemos as irmãs Fokkens. São duas mulheres rechonchudas, de bochechas vermelhas, seios fartos e cabelos brancos, sempre de bom humor e com um lado protetor. Vestem-se muitas vezes de maneira igual, pois compram tudo em dobro. Adoram estampas e cores vivas. Uma estrela de Davi pendurada em uma correntinha, brincos simples em formato de argola nas orelhas. Ambas foram muitas vezes avós e até bisavós. São verdadeiras mães iídiches, que protegem e mimam as pessoas. Quando recebem visitas, empanturram o convidado de coisas boas. Têm um grande coração e um forte senso de justiça.

Após viverem muito tempo em Almere, a cerca de vinte quilômetros de Amsterdã, mudaram-se há alguns anos para IJmuiden, onde moram bem atrás das dunas, em modestos apartamentos dos anos 60. Louise é sempre a primeira a se mudar, logo seguida por Martine. As paredes dos dois apartamentos são cobertas por seus quadros. Dedicam a mesma paixão à pintura e à escrita. Sua pintura é rica em cores, exuberante e anárquica. Muitas paisagens e flores, mas também cenas da vida tumultuada do bairro da Luz Vermelha. Martine revelou também um talento inato para a pintura abstrata.

Em 2010, Rob Schröder e eu produzimos um documentário sobre as irmãs Fokkens. A estreia do filme aconteceu em

---
* Martine aposentou-se no primeiro semestre de 2013. (N.E.)

novembro de 2011, durante o International Documentary Film Festival Amsterdam.

Percebemos durante a exibição que uma série de histórias extraordinárias continuaria desconhecida. Dizíamos o tempo todo: "Precisamos fazer um livro". E felizmente este livro ganhou vida. Louise e Martine registraram os episódios singulares de sua vida, com facilidade para narrar, uma disciplina de ferro e uma boa dose de humor e de franqueza. Também conseguiram convencer três antigos clientes, Lex, Floris e Hans, a deitar ao papel suas próprias lembranças do bairro da Luz Vermelha.

Martine fala sobretudo do que ainda vive na Oude Nieuwstraat, das visitas dos clientes fiéis que envelheceram com ela. As histórias de Louise, ao contrário, evocam os tempos idos, quando era a rainha do De Wallen.

Nesta compilação, Louise e Martine, o passado e o presente se sucedem. O leitor é assim testemunha das grandes mudanças que se produziram e do que permaneceu igual.

Amsterdã, 2011

Endereços
Martine & Louise (juntas)
1. Primeiro lar, Gulden Winckelstraat, nº 42-II, Bos en Lommer (1942)
2. Casa dos pais, Amstelkade, nº 178-III, (1949)

Louise
3. Dusartstraat, nº 23-III, no sótão com Wimpie, pouco antes do casamento (1959)
4. Eerste Breeuwerstraat, nº 2-I (depois do casamento e até novembro de 1961)
5. Ceintuurbaan, nº 237 (1961)
6. Sloestraat, nº 3-III (1969)
8. Almere (1983 - 2007)
9. IJmuiden (de 2007 até hoje)

Martine
4. Eerste Breeuwerstraat, nº 2-I, depois de seu casamento com Jan, quando Louise se muda para a Ceintuurbaan (1961)
7. Jan Oudegeeststraat, nº 45, Osdorp (1962)
6. Sloestraat, nº 3-II, debaixo do apartamento de Louise (1970)
8. Almere (1983 - 2008)
9. IJmuiden (de 2008 até hoje)

Locais de trabalho
A. Bar stripper, Reguliersdwarsstraat, nº 105 (Louise, 1962)
B. Congo Star, Nieuwendijk, nº 131 (Louise, 1962)
C. De Beurstip, Beurspassage (Louise, 1962)
D. Utrechtsestraat, na rua (Louise, 1962)
E. Motéis, Amstel, nº 48-54 (Louise, 1962)
F. Bordel de Jan e Leen Stoeten, Oudezijds Voorburgwal, nº 97 (Martine e Louise, 1963-1971)
G. Meia-porta, Reguliersdwarsstraat, nº 55 (Louise, 1965)
H. Bordéis diversos, Oude Nieuwstraat (Martine e Louise, 1972-1978 e de 1992 até hoje)
I. Oudekerksplein (Martine e Louise de vez em quando trabalham como substitutas nos anos 60 e 70)
J. Bordel próprio, Koestraat, nº 14 (1978-1992)

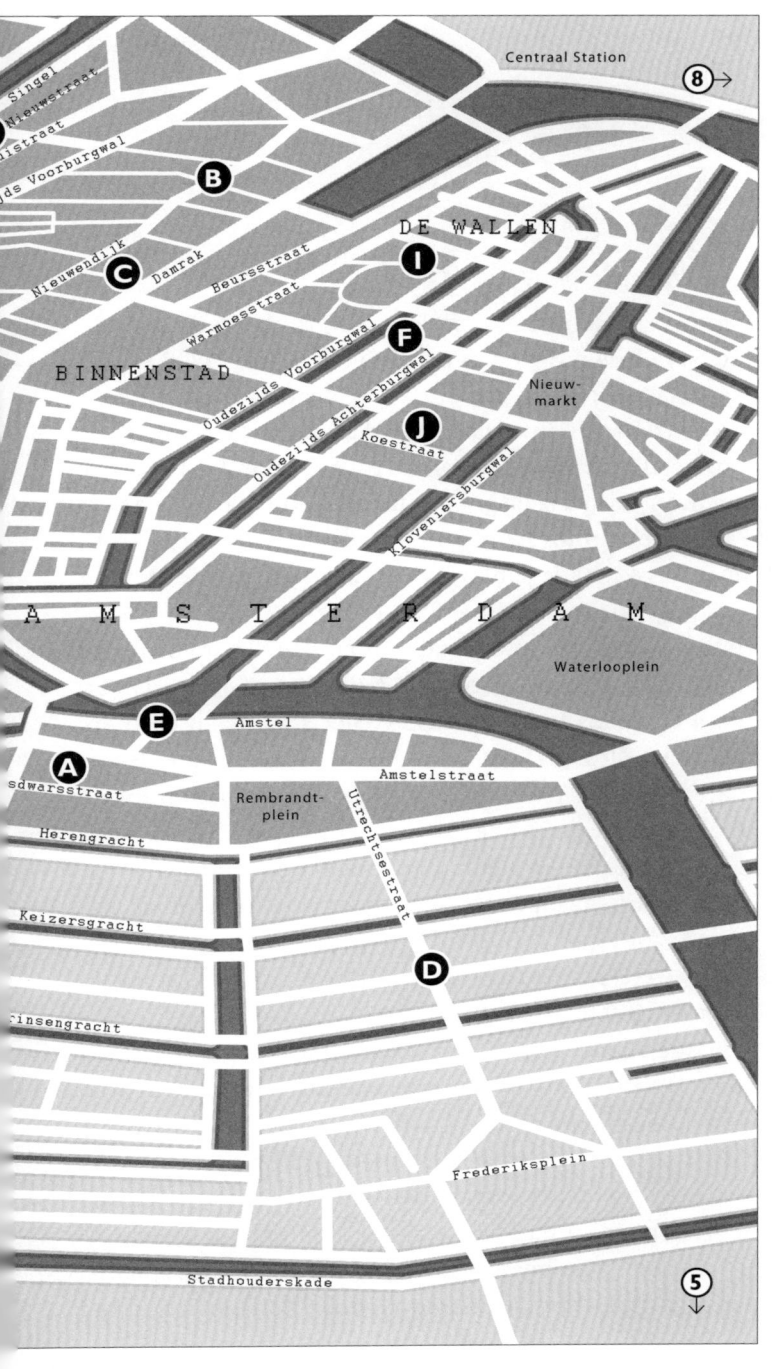

O TOURO PELOS CHIFRES
Louise, 1962

WILLEM FIZERA AS MALAS OUTRA VEZ. Isso sempre acontecia quando as árvores se cobriam de folhas e quando as folhas caíam. Nos casamos jovens, aos dezessete, depois de um relacionamento de três anos. Eu estava grávida. Na época, os menores precisavam pedir permissão da rainha para se casar. Foi preciso ir formalmente à delegacia de polícia da Overtoom para que analisassem se era de comum acordo. Aos dezenove anos, já tínhamos três filhos, mas o cara de pau simplesmente me abandonou. Tive então que pegar o touro pelos chifres.

Eu trabalhava por uma migalha em um ateliê de abajures e estava por aqui com aquela situação. A gente se matava ralando, ficava com os dedos todos picados e precisava, além de tudo, sustentar a casa. Procurei então um novo emprego, mas, depois de um curto período em um bar de striptease, na Rembrandtplein, deixei o negócio porque tinha sido contratada para ficar sentada em um banco e de modo algum para manter o lugar.

No primeiro dia, após ter me apresentado, perguntei:

– Posso começar?

– Claro! – respondeu a patroa. – Vá beber um copinho com aquele homem e sente no banco.

– Ei, que papo é esse? Tá fora de cogitação!

Eu estava tão atordoada que permaneci sentada. Era como se estivesse pregada no banco.

Novos clientes entraram e me ofereceram um drinque. O barman disse para eu pegar champanhe e vi chegar uma garrafa enorme. Na época eu não bebia, então me limitei a molhar os lábios e, na medida do possível, a virar a bebida em uma planta. Ou a derramá-la. Depois de um momento, o homem perguntou se eu estava a fim de uma bimbada. Eu não estava entendendo bulhufas.

Ao final da segunda garrafa de champanhe, o cliente foi embora, me dizendo:

– Hora marcada depois do trabalho pra bimbada, hein?!

Pensei: "Pode tirar o cavalinho da chuva". Eu precisava voltar para casa e cuidar dos meus filhotes. A babá não podia me esperar mais!

No momento de ir embora, vi o sujeito lá fora.

– Ei – gritei para a patroa. – Tem um cara me esperando na calçada da frente!

Ela respondeu:

– E daí? Dá pra ele e pronto, acabou.

– Mas eu nunca traí meu marido.

– Não vai trair. Esse cara vai ter que pagar.

– Tá doida? Se conhece tanto ele, pode pegar pra senhora.

Quando saí do bar, o homem continuava ali. Me enfiei em uma ruazinha lateral e saltei para o bonde da linha 25. Na época, ainda conseguia correr depressa em cima dos meus sapatos de salto alto.

O motorneiro me perguntou:

– Ué, tá ofegante assim por que, menina? Tão perseguindo você?

– Sim! – respondi, antes de ver o indivíduo se aproximar. – Feche a porta e ande, depressa.

O motorneiro se decidiu.

– Pronto, menina, ele não pode entrar mais.

Eu estava salva. Mas não conseguia entender por que o sujeito corria atrás de mim daquela forma. Eu não tinha prometido nada. Com certeza estava caidinho por mim.

O SENHOR ELEGANTE
Martine, 2011

– Olá, gracinha da Luz Vermelha.
 – Olá, senhor.
 Ele está impecável com seu terno. Gravata. Sapatos de verniz. Como este senhor é elegante e démodé.
 – Gostaria de passar um tempo com você. Pode me bater na cara com aquelas botas que estão penduradas na vitrine?
 – Claro que sim, senhor. Se tiver bastante dinheiro. Duzentos e cinquenta euros, pra começo de conversa.
 Ele paga sem hesitar.
 – Se for bom, pago mais.
 – Vá pro meu quarto. Ali, à direita. Não, aí são os banheiros. Mas se quiser, também dá.
 – Não, quero no quarto. Estou muito tenso e gostaria que começasse logo, pois tenho pressa. Vim de Schagen. Na verdade pra fazer compras para a minha esposa. Ela caiu e agora está engessada. Pensei comigo: vou dar uma volta em Amsterdã, porque sou um legítimo habitante daqui. De repente senti uma melancolia. Sempre penso que vou reencontrar certo ar do passado, mas não reconheço mais nada. Faz tanto tempo. Sinto necessidade de voltar de vez em quando. E aqui estou com a senhora. Comecei a fazer isso aos dezoito anos.
 – Vamos passar pra ação, meu caro. Vamos começar.
 – Vou pagar um pouquinho mais. Já tomei bastante seu tempo e, ao menos, você me escuta.
 – Obrigada, senhor. Deite.
 Coloco minhas botas de cano longo e fico de pé, na cama. Preciso tomar cuidado, a bota é de salto agulha. Me apoio na

parede, até achar a posição certa. Coloco a bota direita sobre o rosto dele e começo a bater. Na bochecha. Debaixo do queixo.
— Mais forte, senhora, mais forte.
Bato com mais força. Com tanta força que me dá medo. Incrível.
Ele começa a berrar:
— Vai, senhora. Mais forte ainda, tô pedindo. Está me ouvindo, não?
— Sim, estou. Tá bom, vou dar uns pra valer.
E desfiro alguns pontapés violentos de verdade.
— Oooooh! — urra ele de dor. — Como é gostoso, minha senhora. Obrigado.
— Agora já chega, senhor.
— Sim, já chega. Achei maravilhoso isso que a senhora fez. Ah, acabei de lembrar que ainda preciso fazer as compras pra minha mulher. Ela continua de pernas pro ar — fala ele, começando a gargalhar alto. — É uma boa piada, hein?
— Dê muito carinho pra ela quando o senhor voltar pra casa.
— Pode deixar. Pois então, minha senhora, estou saciado. Isso vai me ajudar a aguentar por algum tempo. Desta vez vou voltar de verdade a Schagen.
E ele então sai assobiando. Me dá tchau com a mão e vira a esquina, rindo.

Congo Star
Louise, 1962

ALGUM TEMPO DEPOIS, VI UM ANÚNCIO com uma vaga para garçonete. Na Nieuwendijk. O bar se chamava Congo Star e muitos marinheiros se encontravam lá. Alguns bebiam como esponjas. Aprendi a tirar chope. No começo, derramava espuma por todo lado. O patrão ficava furioso e descontava uma parte do meu salário. Ah, não, de novo! Tudo tem um começo. Eu adorava meu trabalho, mas os clientes não eram anjinhos. Claro, havia também gente muito legal. O famoso bar da cantora Tante Leen ficava algumas casas adiante e eu ia lá de vez em quando. A gente se sentia bem. Do outro lado ficava a discoteca Mercurius. O leão de chácara era Jopie Veth, um rapaz da família de malandros De Vries, da Zeedijk. Era 1962, uma época realmente bacana para a maioria dos moradores da cidade. Ainda dava para caminhar com tranquilidade pelas ruas e jogar conversa fora em rodinhas sem ser perturbado.

    Eu só trabalhava algumas horas por dia no bar, pois tinha horário para voltar e cuidar dos meus três filhos. Certa tarde, um homem veio se sentar no bar e pediu gim. Depois de um tempo, começou a virar os copos de uma só vez. Alguém me aconselhou a manter distância.

    Perguntei:

    – Por quê?

    – Porque ele fica fora de si quando bebe e vai tentar enfiar o copo na sua cabeça.

    – Mas que ideia, francamente!

    E continuei servindo os copos e ele os virando goela abaixo. Eu notei que ele falava cada vez mais coisas sem sentido. Pensei: "Nem mais uma gota pra esse maluco". Mas já era tarde. Ele levantou de um pulo, quebrou o copo e tentou enfiá-lo na minha cara. Recuei às pressas. Um rapaz que presenciava a cena, ao tentar segurar o braço do bêbado, agarrou o copo quebrado. Foi parar no hospital. Tudo se passou muito rápido. Colocaram o gambá na rua. Precisei continuar trabalhando como se nada tivesse acontecido, mas estava me sentindo um caco.

Em certo momento, o rapaz, que se chamava Joël, voltou do hospital com a mão enfaixada. Tinha um ferimento enorme e levara pontos. Conversei com meu salvador e, claro, agradeci. Ele disse:

– Que horas você sai? Vou esperar e acompanhar você um pedaço.

Dito e feito.

Ele perguntou:

– Mora onde?

Naquele tempo, eu vivia quase no fim da Ceintuurbaan, perto da Amstel. Cruzamos a cidade pela Hobbemakade. A certa altura, me escondi com meu salvador debaixo de um pórtico e começamos a nos bolinar. Romântico demais. Deixo para vocês decifrarem o que aconteceu a seguir.

Nossa história durou um bom tempo, até que ele levantou âncora para navegar em uma longa viagem. Nunca esqueci completamente meu herói e continuei trabalhando algum tempo no Congo Star.

Fui embora de lá quando Willem retornou para o lar. O cara de pau tinha me seguido algumas vezes quando eu saía do Congo Star e tentara falar comigo. Achava que tinha direito a dar sua opinião. Para ele, aquele rapaz não servia para mim.

– Francamente, essa é boa! Quem é você pra me dizer isso?

Só que ele, quando colocava algo na cabeça, não tinha jeito. E acabou dando certo: me apaixonei por ele de novo. Após deixar o Congo Star, levei por um momento uma vida calma, dentro de casa, com as crianças. Aquilo me agradava.

NELIS, O APRESSADINHO
Martine, 2011

NELIS É UM CLIENTE REGULAR HÁ ANOS. Normalmente, ele liga antes de aparecer, e isso pelo menos uma vez por semana. "Tô chegando!", grita então, do outro lado da linha. Tento me organizar para estar livre, mas não chego ao ponto de esperá-lo e, nesses casos, azar o dele. Nelis não é original. Descreve sempre nos mínimos detalhes o que gostaria que rolasse, mas em geral tudo acaba em uma rapidinha.

– Sim, é bom assim, nós dois na varanda – digo para ele.
– Como antigamente, sem rodeios e de saia e tudo – responde Nelis.

Aquilo o excita pra valer. Ele não pode mais perder tempo. Eu pergunto:

– Tá com pressa?
– Sim, quero voltar com a mesma passagem de bonde, pra economizar.
– Então vamos agilizar. Vou bater uma pra você.

Aos 65 anos, Nelis não demora a gozar. Volta a se arrumar, olha o relógio e diz:

– Agora, preciso correr pra pegar o bonde.

Nelis me diverte.

– Cuidado pra não tropeçar com essas pernas grandes.

Ele bate a porta ao sair. Eu a abro outra vez e olho a rua. Ele corre tão rápido que já está na esquina e desaparece.

Bom, recupero um pouco da energia. Uma xícara de café, uma fatia de pão com queijo. Veremos na semana que vem se continua com ideias mirabolantes. Nelis tem uma imaginação fértil. No entanto, com ele, é sempre ligeirinho.

Teste de admissão
Louise, 1962

WIM CONHECIA BEM DOLF, o proprietário de um barzinho que se chamava Palpite Quente e ficava em uma ruazinha perto da Bolsa. Dolf morava no andar de cima. Era um barzinho bacana que podia ser mantido por uma só pessoa sem problema. Na época, muitos homens trabalhavam no pregão e passavam lá na segunda. Caras elegantes. E vários soldados norte-americanos acantonados na Alemanha e na base de Soesterberg. Eu me dava bem com os ianques. A gente sempre se divertia pra valer quando eles estavam lá. Realmente demais. Os rapazes me incentivavam a brindar e a beber com eles.

Dolf me pedira para só tomar champanhe. Era sem dúvida o que mais dava dinheiro. Aquelas garrafinhas de champanhe estavam longe de me desagradar, mas uma garçonete bêbada é uma vergonha e por isso eu alternava com garrafas enchidas com água e que ficavam debaixo do balcão do bar.

Muitos dos malandros do pedaço vinham também virar um copo de cerveja e jogar pôquer. Era divertido balançar o copo e lançar os dados. Certa tarde, chegou um grupo de caras do bairro da Luz Vermelha, cerca de seis. Reconheci alguns que tramavam de vez em quando com Willem. Ele já tinha me dito que eles faziam as mulheres trabalhar atrás das vitrines. Nol, o Ruivo, também estava presente. Eu o conhecia da época em que ia ao cinema Royal na Nieuwendijk. As saias apertadas, os pulôveres pequenos, os twin-sets e os saltos altos estavam na moda. Era um tempo em que os garotos ainda assobiavam para você...

Enfim, os caras tomaram algumas cervejas e começaram a falar bobagem. Estavam mesmo querendo se divertir. A certa altura, estimaram o número de clientes que eu poderia ter por dia. Um dizia vinte, outro, trinta. No fim, o número bateu os cinquenta. Chegaram a fazer apostas. Foi assim que fui examinada e julgada por Willem, já que aqueles "inocentes" rapazes eram acima de tudo peritos. Eu dizia com meus botões: "Tá bom, agora já chega".

Na realidade, eles já preparavam minha passagem para a prostituição no De Wallen. Willem me pressionava a vender meu corpo. Se eu fosse trabalhar, virasse puta, ficasse atrás de uma vitrine, ele prometia voltar a viver comigo e com as crianças.

O HORÁRIO DE PICO DA MANHÃ
Martine, 2011

ACORDO ÀS SEIS HORAS DA MANHÃ para pegar o ônibus de IJmuiden a Amsterdã. É um belo dia. Os passarinhos cantam de todos os lados. Adoro ouvi-los. Derramo a água do chá. Deixo a infusão por bastante tempo. Enquanto isso, encho um regador para molhar o jardim. Faz bem para as flores tanta água assim. Elas vão brilhar. Sirvo o chá. Como uma fatia de pão e um biscoito. Confiro o pêndulo do relógio. Ora, o tempo voa. Sem demora, tomo um banho e me arrumo. E bem depressa, pois o ônibus não espera. Saio de casa faltando cinco para as oito, para pegar o ônibus onze minutos depois. Fico um momento esperando. Outras pessoas chegam para pegar a condução.

– Bom dia, motorista.

O tempo está uma beleza. O ônibus anda às margens do canal. Do outro lado, os altos-fornos cospem um monte de fumaça. Atravessamos um túnel de folhas. Que pena, já estamos do outro lado. A grama está coberta de lindos botões-de-ouro. Mais adiante, flores brancas entre caules altos. Adoraria me deitar ali. Olho para cima. Em todos os cantos, nuvenzinhas no céu. Ainda assim, o ar cheira a chuva. À esquerda, propriedades rurais adormecidas. E em seguida o vilarejo demolido. Moinhos modernos para gerar energia. E enfim o setor de toda aquela indústria. Montanhas de carvão. Guindastes. Duas grandes torres que cospem vapor há anos. À direita, mais um terreno que receberá uma construção. Para mim, isso tudo é um pouco demais.

Um passageiro me desperta com um tapinha. Tenho um sobressalto.

– Precisa descer. Como é horário de verão, o ônibus não vai mais longe. Agora ele volta para a praia de IJmuiden.

Subimos no ônibus linha 12 e, alguns pontos depois, tomo o bonde linha 16. Desço na praça Dam.
Chego enfim a meu cantinho, na Oude Nieuwstraat, e ouço tumulto no quarto ao lado. Estranho, não devia ter mais ninguém hoje. De repente, a porta ao lado se abre. Uma mulher alta e desengonçada aparece. Se ela se deitasse em cima de alguém, esmagaria e faria a pessoa desaparecer entre seus seios enormes.
Ela me diz:
– Eu disse ele não poder ficar, por causa outra moça chegar.
– Certo, tudo bem – falo eu, acompanhando a mulher.
No outro quarto, um sujeito cura a bebedeira na cama. Sacudo-lhe o ombro, dizendo:
– O senhor não pode ficar aqui, tem que dar lugar pra outra moça.
Ele está fulo.
– Ela me prometeu que eu podia ficar o dia inteiro, porque paguei bastante. Não vou poder sacar dinheiro antes das sete da noite.
– Bem, volte à noite, então. Até mais, senhor. Até a próxima.
Ele sai com o rabo entre as pernas. Esta terminou bem. A mulher volta para casa com os bolsos recheados.
– Owbrigada, querida.
– De nada.
Acabo de me ajeitar quando chega um conhecido. Ele vem se encontrar comigo há vários anos, um sujeito muito bacana. Papeamos um bom tempo bebendo uma xícara de café.
– Mais uma? – pergunto.
– Sim, obrigado, Marie.
Ele não para de falar e esquece a hora. Até que confere seu relógio.
– Muito bom seu café. Tô indo, o dever me chama. Até logo, queridinha.
O cliente seguinte anuncia:

– Quero uma rapidinha porque tenho uma reunião na Prefeitura.

Então a gente faz de pé e sem tirar a roupa. Tudo corre bem. E ele sai também sem perder tempo.

Me arrumo, volto a sentar no meu pedestal e olho o relógio. São quase dez horas. O horário de pico passou.

NA ATIVA
Louise, 1962

NÃO FUI DO DIA PARA A NOITE para trás da vitrine. Quando as crianças estavam na casa da minha irmã ou nos avós, ou quando eu tinha uma babá, ia a pé da Ceintuurbaan e passava pela Hemonystraat para chegar à Utrechtsestraat. Era ali que rodava a bolsinha. Em geral eu ficava na primeira parte, perto do ponto da Frederiksplein. Quando cheirava a encrenca ou havia batida policial, eu saltava no bonde.

Aquele lugar era uma verdadeira partida de Banco Imobiliário. Os limites da calçada eram divididos de modo imaginário. Certa noite, um cafetão ficou no meu pé:

– Suma daqui! Esta parte é nossa. Todas essas putas são minhas.

– Não tô nem aí – respondi.

Não me deixaria levar por aquele lixo e continuei fazendo programa. Ao chegar em casa, contei tudo ao meu homem e, no dia seguinte, ele foi colocar os pingos nos is. Quando o encantador cafetão começou a me aporrinhar, Willem foi para cima dele. Eu via os dois discutirem com violência, mas, felizmente, Willem não era de ceder e bem depressa eles se tornaram amigos de longa data.

– Tá tudo resolvido – me disse Willem.

E continuei tranquilamente fazendo ponto.

Eu achava perigoso trabalhar daquele jeito. Me sentia perseguida na Utrechtsestraat ou ao longo da Amstel, atrás da Rembrandtplein. Também me oferecia daquele lado porque tinha motéis.

De vez em quando eu entrava em um carro, mas era superarriscado. Certa vez um cara me levou para fora da cidade, cantando pneu. A gente estava *no meio do nada*. O lugar era extremamente escuro e longe de tudo. Ele queria me fazer descer e me deixar ali. Eu percebia que essa ideia o deixava excitado. Pensei: "Mantenha a cabeça fria, Lous". Encarei o sujeito direto nos olhos. Desprezível pra caramba, aquele filho da mãe! Fiquei impassível e depois comecei a berrar, a soltar gritos agudos. Foi o que me salvou. Aquilo quebrou a fantasia dele. Ele logo deu a partida no carro e retornou a toda velocidade para o mundo civilizado. Não disse mais uma palavra. Me deixou direitinho na Utrechtsestraat. Como eu fiquei aliviada!

Enquanto ele partia voando, uma outra garota de programa se aproximou de mim.

– Você é nova no pedaço, né? Tudo acabou bem?

– Como assim?

– Ora, esse cara põe as mulheres no carro, rouba o dinheiro delas e daí elas têm que voltar a pé.

– Ah, muuuito obrigada. Não podia ter me avisado antes? Tem outros aloprados como este por aqui?

Alguns meses depois, acabei aterrissando no De Wallen. Era menos perigoso.

Pássaro de mau agouro
Martine, 2011

Mais um pássaro de mau agouro que chega.
– Quanto é?
– Cinquenta – respondo.
Ele aceita e paga, mas assim que chega no quarto dos fundos começa a criar problemas.
– Quero sem camisinha.
Coloco uma mesmo assim. E então, cada vez que ele tira, eu coloco de novo.
– Agora já chega!
O clima fica pesado no mesmo instante. Sua ferramenta logo perde a potência e tenho dificuldade de colocá-la para funcionar de novo. Por sorte, acabo conseguindo. Ele continua gritando:
– Quero sem camisinha!
Começo a me irritar e bato em seus mamilos acesos.
– Ai, que gostoso – geme ele. – Vai, faz de novo
"Bom", reflito, "bastava pedir." Eu falo:
– Agora ande, bata uma com seu cacete grosso.
Ainda lhe dou alguns tapas bem fortes e ele goza, ofegante. Pronto, resolvido. Estou acabada. Próximo.
De vez em quando, daria para imaginar verdadeiras sanguessugas. Torram sua paciência enquanto você está com eles. Querem implicar gratuitamente. Sugar de você até a alma. É preciso ser muito forte para não demonstrar o que se sente e manter o sangue-frio, mesmo estourando por dentro. Mas com certos destrambelhados funciona melhor quando a gente fica puta:
– Agora já chega. Deite! Não quero mais um pio. Quem manda aqui sou eu. Peste.

Isso os deixa mansinhos, mansinhos.
Algumas vezes, eles vão esticando a camisinha para tirá-la: não a querem mais. Coloco outra. Nenhuma chance de fazer sem, por nada no mundo. Então é uma guerra e é preciso imobilizá--los na cama.
Assim que tudo termina bem, me sinto aliviada. Depois, às vezes digo a um desses caras: "Você é mesmo uma peste!".
E nós dois caímos na gargalhada. E ele acrescenta que foi bem divertido.
– Bom, obrigada, malandrinho.
– Até mais – ele responde.
Só me viro para que esses pássaros de mau agouro acabem gozando porque apesar de tudo é melhor. Às vezes eles pedem desculpas. Mas nem sempre. Neste caso, desligo o rádio, abro a cortina e escancaro a porta. E tagarelo, tagarelo a não poder mais. Digo qualquer coisa, sim, para não ter que ouvir, ainda por cima, que a trepada foi ruim.

A ESCADA DO SÓTÃO
Louise, 1963

WILLEM SOUBE POR SEUS camaradas que havia um quarto para alugar na Oudezijds Voorburgwal. Quer dizer que a gente podia passar para a ação. Certa noite fomos lá de bicicleta, ele pedalando e eu na carona. O quarto pertencia a Jan Stoeten, um homem sempre de bom humor. Ele navegara por todos os mares do mundo antes de comprar o imóvel em 1953 e transformá-lo em um bordel. Ficava em uma parte tranquila do canal, perto da Oudekerksplein. Era sua mulher, Leen, quem dirigia o prostíbulo. Eles moravam no andar de cima.

Tocamos a campainha e fomos convidados a entrar. Na época eu tinha 21 anos, era gordinha, com longos cabelos loiros. Leen não se convenceu na hora. Me achava muito verde, penso eu, mas Jan disse:

– Ela tem o que precisa, vai dar dinheiro.

Pensei na hora: "Não, obrigada!". Só tinha um desejo: sair correndo. Mas a cafetina deu sinal verde e Willem me deixou no lugar.

Eu tinha medo. Tudo era novo e me deixava pouco à vontade.

O bordel era estreito e mais comprido do que o normal. Emanava uma atmosfera sombria e misteriosa. Oito moças trabalhavam nos quatro cômodos: metade delas de dia, metade à noite. Me deram o quarto das debutantes, nos fundos. Para chegar nele, era preciso atravessar um longo corredor escuro e subir uma escada íngreme, uma verdadeira escada de sótão. O quarto era impecável: uma cama branca de ferro, uma mesinha, um lavabo de mármore, papel de parede florido e uma janela que dava para o corredor. A única peça com vista para a rua ficava em frente. Era ali que as meninas tomavam café e chá. Havia uma cadeira em cima de um estrado. Imaginei que podia me sentar nela, mas não, estava reservada à mais antiga da casa. As outras moças rodavam bolsinha do lado de fora, na calçada. Cada uma tinha seu canto para pescar clientes. Eu ficava à esquerda da porta de entrada.

Havia bastante gente naquela noite circulando pelo canal. Por sorte, alguns homens eram gentis. Outros vinham só para papear e me pagavam assim mesmo. Percebiam na hora que eu era novata.

Eu começara às sete e meia. Willem apareceu às dez:

– Tirou quanto?

Respondi:

– Você nem vai acreditar! Cem florins já!

Ele quase caiu para trás.

– Isso é uma mina de ouro, hein? Passe pra cá, vai estar seguro comigo.

Entreguei o dinheiro para ele, que foi esbanjá-lo no bistrô.

Ainda ganhei uma grana até a uma da manhã e depois voltei para casa, com a carteira bem recheada.

Minha irmã nunca faria uma coisa dessas!...
Martine, 1964

Aquilo tinha se tornado o tema de conversa da família, um verdadeiro drama. Ninguém tinha visto nada parecido. Eu estava na maternidade, no pavilhão Anna, e acabava de dar à luz meu primeiro filho quando fiquei sabendo. No início, falavam com rodeios e eu não entendia nada. O que acontecera com Louise? Acabaram me contando a verdade:
— Sua irmã faz ponto no bairro da Luz Vermelha.
Eu não podia acreditar. Mas ela não trabalhava em um bar?
— Impossível — falei em um tom glacial. — Minha irmã nunca faria uma coisa dessas!...
Eram horríveis todos aqueles comentários que se atreviam a fazer, todos aqueles insultos. Aquilo me deixava profundamente triste. E ninguém prestava a mínima atenção em mim ou no bebê. Não surpreende que eu tenha sofrido de problemas de pressão. Não paravam de me culpar, como se eu pudesse fazer alguma coisa. O que queriam que eu fizesse? Louise levava sua vida como bem entendesse. Ela já tinha pepinos suficientes com seu marido-problema.

Algum tempo depois, fui falar com ela. Era tarde demais. Fazia meses que trabalhava ali.
— Ganho uma fortuna e é só por dois anos — me afirmou.
Acrescentou que procuravam uma empregada para limpar o bordel. Eu tinha interesse em incrementar a renda mensal. Trabalhava algumas horas pela manhã, antes de o lugar abrir. Achei a ideia empolgante, e eu entendia de limpeza. Eles estavam bem contentes. Um pequeno extra sempre caía bem.

No começo, era estranho. Lá fora, já havia homens que passavam e voltavam a passar. Queriam sempre ficar com a empregada. Me abordavam sobretudo quando eu limpava as vidraças, utilizando a escada. Me rondavam. Perguntavam: "E aí, vamos?".

Quando descobriam que eu não era do ramo, se excitavam mais ainda. Algumas empregadas cediam a uma proposta interessante e em seguida acabavam entrando no negócio. Mas não eu, que me apressava a fim de pegar o bonde para voltar a Osdorp, onde morava com minha pequena família.

Em certo momento, as coisas começaram a ir de mal a pior na construção civil. Os tempos se tornavam difíceis. Jan não tinha mais trabalho. Os rapazes entraram em greve. Foram todos para a praça Dam e deu tumulto. Por sorte, Jan voltou são e salvo para casa. Mas, no plano financeiro, estávamos na miséria.

Então, uma noite, ele perguntou:

– Vem cá, não tem como você também tirar um extra no trabalho da sua irmã?

Respondi:

– Você perdeu o juízo ou o quê? Tá fora de cogitação.

A gente ainda penou durante seis meses. Depois, pensei: "Que se dane, vou tentar". No fim das contas, com todos aqueles problemas de dinheiro, não havia felicidade em casa e eu via que Louise ganhava bem no bordel. Mas eu não tinha razão alguma para ter inveja. Ela me cobria de presentes.

Porém, sem minha irmã, nunca teria caído na vida. Naquele contexto, era mais fácil tomar uma decisão. Olhavam torto para Louise porque ela fazia ponto, e eu também tinha esse direito, como irmã gêmea. Era assim que eu sentia. Então perguntei para ela com muita precaução como era aquilo, o que se devia fazer. Louise logo desconfiou de algo:

– Tá fazendo planos? – perguntou em um tom severo. – Mesmo assim, você não vai se meter nisso!

No entanto, algumas semanas depois vagou um quarto e acabou acontecendo. Eu me apresentei às outras mulheres do bordel. Me indicaram um quarto e me revelaram um bocado de

segredos. Era coisa pra valer. Em seguida, fui para a rua. Tudo correu bem. Depois de um tempo, estava farta. Queria voltar voando para casa. As moças me perguntaram:
— Já?
— Sim, vou pegar o bonde.
Aquilo arrancou gargalhada delas.
— Por que não pega um táxi? — indagou Louise.
Achei que seria esbanjar. Voltei de bonde. Louise me acompanhou.
— Um dia, vai acabar pegando um táxi, você vai ver — me garantiu.
Em casa, Jan me disse que quase fora me procurar. Pensei: "Se ao menos tivesse feito isso. Mas não vi ninguém". Eu trabalhava à noite. Seis dias por semana. Havia um monte de coisa para organizar. Tinha que comer cedo, dar banho nas crianças, cuidar delas. Saía depois disso.
Papai e mamãe logo entenderam. Passava para vê-los todos os dias e, de repente, fiquei ausente durante a semana inteira. Quando minha mãe me viu, me examinou da cabeça aos pés. "Caramba, ela sabe!", pensei. Ela não abriu a boca. Foi assim que se passou. Ninguém nunca mais tocou no assunto.

NIGTEVECHT
Louise, 1963

FICOU ESTABELECIDO QUE WILLEM cuidaria das crianças enquanto eu trabalhasse à noite. Mas Willem logo sentou o traseiro em um carrão norte-americano, um Thunderbird, que ele dirigia a toda velocidade pelo De Wallen, para se exibir. Eu soube mais tarde de fonte segura que o viram passar muitas vezes, o carro abarrotado de mulheres bonitas. Pensei: "Mas não é possível! Este idiota deixa as crianças sozinhas? Mas é perigoso!".

No dia seguinte, minha vizinha do andar de cima me contou que tinha escutado as crianças chorar e caminhar. Ao que acrescentou:

— Mas dei uma olhada nelas a noite toda.

Eu disse então a Willem que largaria o batente naquele exato momento. Claro, ele logo achou uma boa justificativa. A culpa nunca era sua.

— Fica brava assim não, Lous, esse trabalho é por dois anos, depois você para. Os pequenos vão ter tudo o que precisam e a gente vai poder começar nosso próprio negócio.

Não acreditava em uma só palavra dele e refleti: "Preciso falar a respeito disso com alguma pessoa sensata". Aquilo me incomodava pra valer. Então contei a Leen, a patroa, que Willem deixava as crianças sozinhas. Ela tinha filhos em Nigtevecht – perto de Amsterdã – que hospedavam as crianças das prostitutas. Aquele era um modo de se antecipar à Assistência Social, pois antigamente os filhos de garotas de programa eram colocados automaticamente em um orfanato. Esse era o meu maior temor. Em Nigtevecht, cuidavam bem das crianças.

Leen marcou um encontro. Fomos lá junto com Willem. A casa ficava às margens do Vecht. Era um lugar magnífico para a meninada. Calmo, espaçoso, com um pomar e cheio de animais. Infelizmente, não podiam ficar os três juntos. O mais velho foi morar na casa da tia Anne e do tio Jaap, e os dois mais novos na da tia Jo e do tio Gerrit. Eu ia vê-los todas as semanas, às vezes com Willem, o carro repleto de presentes.

Quanto aos "dois anos de trabalho e depois as crianças voltam pra casa", não entrou mais em cogitação. O cara de pau nunca tinha bastante dinheiro. Eu precisava me virar sozinha. Ele simplesmente nos abandonou.

Nosso casamento durou nove anos, nove anos de desgraça. Depois do divórcio e de muitas andanças, pude enfim oferecer um lar aos meus filhos. Tive enfim meu próprio apartamento na Sloestraat, no sul de Amsterdã, pertinho da casa de meus pais.

Batismo de fogo
Martine, 1965

Todo o começo é difícil. Me deram o quarto da escada do sótão e um monte de instruções: pedir primeiro vinte florins, fazer o cliente pagar assim que entrasse, não tirar nada e ficar de pé, tentar de saída pegar mais grana. "Cole nele. Prometa o paraíso na terra, mas faça o mínimo possível. Peça mais dinheiro pra qualquer adicional."

Não era mole. Meu primeiríssimo cliente foi um norte-americano, um rapaz bacana. Louise ficou comigo para me ajudar. E, claro, ele não viu nenhum inconveniente nisso. Eu apanhei para colocar o preservativo e, quando enfim consegui enfiá-lo, ele gozou na hora. Por sorte, pude ficar com o dinheiro.

Na época, não dava para comprar as camisinhas embaladas individualmente em uma caixa, mas em sacos de doze dúzias. Um homem passava para entregá-las na porta. No dia seguinte, entendi por que era interessante ter uma porção delas ao alcance das mãos. Estava com um moreno alto. Um desses metidos a besta cobertos de ouro. Perguntei:

– Me paga primeiro?

Pagou, mas não botei fé nele. Coloquei o dinheiro debaixo do tapete persa da mesinha da entrada. Ao voltar para o quarto de programa, ele me disse:

– Quer que arrebente sua cara?

– Experimente, e vai ver o que acontece – respondi.

Não sabia o que aconteceria comigo, mas, como ele tinha pago, continuei. Coloquei uma camisinha nele, mas ele tirou. Queria sem. Só para me irritar. Eu sentia o sangue subir à cabeça, mas permaneci amável.

— Deite — pedi.

Ele continuou de pé. Dava para ver pelo cheiro que bebera muito mais que um copo. Então eu o derrubei na cama, que começou a ranger e a pular. Só que o cara seguia protestando e tirando a camisinha. Eu devia de todas as maneiras colocar outra.

— Agora, bico calado — eu disse. — Deite e fique quieto.

Consegui fazê-lo gozar, mas o cara de pau não estava satisfeito. Queria o dinheiro de volta. Eu estava em polvorosa e corri para o corredor escuro. Por sorte, Louise estava sem cliente e foi procurar Leen, a patroa.

— Ah, é você?! — exclamou Leen ao ver o sujeito na cama. — Se atreve a testar esta moça?! Não quero mais ver você aqui, se não vou avisar sua mulher!

Na realidade, era um gigolô do bairro. A notícia de que havia moça nova tinha se espalhado rápido e os cafetões tentavam sempre roubar as mulheres. Ele já tinha algumas, compreendi mais tarde. Junto com as outras meninas, a gente estava sempre prontas para a briga, e colocamos aquele pássaro de mau agouro porta afora.

Eu tinha sobrevivido ao batismo de fogo.

O MANCO
Louise, 1964

Vi passar Frits, o Manco. Ele só tinha uma perna. A outra, perdera durante a guerra. Certo dia, eu perguntei para ele:
— Como foi que você perdeu a perna? Conta a verdade.

Mas ele não queria mesmo falar. Então não toquei mais no assunto. Não valia a pena.
— Olá, Frits, como vai? Entre.

Ele entrou, me pagou e tudo rolava sem problema. Frits tirou a perna que estava amarrada a sua coxa com correias. Por sorte, ainda lhe restava um coto. Era uma perna inteira com um calçado. Frits achava aquilo prático. Dizia: "Não preciso colocar calçado". Ele deixou sua perna artificial encostada na parede, perto da cama.

Tudo corria às mil maravilhas e eu quase havia esquecido que ele só tinha uma perna. Depois de um momento, Frits ficou com vontade de novo e queria mais tempo.
— Tudo bem, mas é mais caro.
— Combinado – respondeu Frits.
— Vamos dar um jeito nisso agora mesmo, continue deitado.

Frits ficou satisfeito, mas, de repente, começou a regatear o preço, não queria mais pagar o extra.
— Tá, Frits, já chega dessa ceninha.

Estava fula com ele. Saltei da cama:
— Filho da mãe!

Peguei sua perna de madeira e joguei no armário. Tranquei a porta e escondi a chave.
— Pronto, Frits, foi você quem pediu. Se quiser a perna de volta, tem que pagar. Vou dar um tempo pra você pensar. Enquanto isso, vou tomar um café.

Frits continuou resmungando e depois me chamou.
— Que foi, Frits? O que você quer?
— Vou pôr mais grana.
— Tem certeza? Vê se nunca mais me apronta essa, parasita!
Frits esfriou a cabeça e me pagou.
Peguei sua perna no armário. Ele a recolocou e disse:
— Não volto nunca mais aqui.
— Ah, é? Você disse isso da última vez. Saia, ator!
— Você escondeu minha perna no armário.
Respondi:
— Da próxima vez, vou colocar na vitrine. Tchauzinho, Frits. Tchauzinho, Manco.
Ele saiu arrastando a perna, morrendo de rir.

No armário da cozinha
Martine, 2011

Há homens que pedem para fazer no armário da cozinha. Não vejo inconveniente, é só retirar as coisas de dentro.
— Olá, bom dia. Fico feliz de já ver você aqui.
— Quer um café?
— Não é má ideia.
— Acabei de passar. Fique à vontade.
Ele tira a roupa e a coloca com cuidado sobre a cadeira.
— Queria fazer no armário da cozinha.
— Sem problema.
Esvazio o armário e o forro por dentro, despido de tudo.
— Posso ficar quanto tempo?
— Quanto quiser, é só pagar. Comece se masturbando um pouco.
— Gosto de me masturbar. Penso em você. Mesmo no trabalho.
— Vai, bata uma.
— Sim, senhora. É tão bom.
Como ele é muito grande, fica todo encolhido, a cabeça imóvel contra a pia. Fecho a porta de correr e espero. Dou de vez em quando um bom chute no armário. Ele pergunta então:
— Pois não. O que foi?
— Queria saber se você continuava aí.
— Sim, ih, ih!
— Progrediu um pouco?
Ele não fala mais nada.
— Se não gozar, jogo você pelado pra fora. Daí é só você se masturbar na sua casa.

Corro um pouco a porta e olho o pau que ele está segurando com a mão.

– Agora já chega! Vamos lá, sem enrolação. Acabou o recreio no armário de cozinha.

TÁ QUENTE, TÁ FRIO
Louise, 1964

Lea gritou para mim:
— Tá lá seu cliente espiando você atrás da grande árvore. Chamo ele?
— Não, tô indo.
Corro para a rua.
— Quem tô vendo? Tá quente, Gerrit. Estou vendo você.
— Tá quente!
— Peguei você. Perdeu. Não, não ganhou. Fui eu que ganhei o jogo. Não você. Vem. Vamos continuar brincando lá dentro.
Assim que entramos no quarto Gerrit se esconde atrás da poltrona e grita:
— Ei, Marie, tente me achar!
— Sim, tô procurando, mas onde você se meteu, Gerrit? Não vejo você em lugar nenhum.
Olho atrás da poltrona, mas Gerrit não está mais ali.
— Tá frio? Tá frio? Onde é que você se meteu?
Olho debaixo da cama, nada de Gerrit.
De repente, escuto:
— Ei, Marie, tente me achar! Tá frio!
Noto que o armário está entreaberto. E que Gerrit me espia atrás da porta.
— Tá quente, Marie. Tenho uma coisa linda pra mostrar pra você.
— Mesmo? E o que é?
Me aproximo do armário e Gerrit diz:
— Tenho uma coisa que tá fervendo e bem dura pra você.
— Ei, Gerrit, isso é magnífico.

– Tem que continuar olhando, Marie. Atenção! Vou fazer saltar com um passe de mágica.

Abracadabra e Gerrit goza. O truque deu certo.

O LIMPADOR DE VIDROS
Martine, 2011

O LIMPADOR DE VIDROS passa diante da vitrine, um legítimo holandês bem forte. Uma escada nos ombros, um balde, um rodo e uma esponja na mão. Pelo seu jeito de olhar, pressinto que vai entrar. Eu tinha razão.
Ele diz:
– Primeiro vou limpar os vidros por dentro.
Apoia a escada contra o vidro do quarto dos fundos, onde se encontra a cama, e fala:
– Limpe os vidros de cima, vou cuidar dos de baixo.
Pit enche o balde. Subo com cuidado os degraus. Ele me passa a esponja e fico toda faceira, jogando água para todo lado. Ele me pega com jeitinho e me acaricia.
– Queria fazer na escada.
– Tá bem, Pit, vamos. Pode subir.
Excitadíssimo, sobe alguns degraus e se aperta contra mim.
– Ai, tenho medo. Vou cair, na certa.
– Segura bem, Marie.
– Ah! Não corro risco nenhum. Já caí tão baixo.
Por sorte, a escada está bem apoiada entre a cama e a parede. Pit chega ao clímax.
– Tá gostoso assim, né? Oh, como é bom na escada. Sempre tive vontade. Quando olhava pela janela do quarto as mulheres se vestindo, sempre imaginava elas na escada.
Ele não demora muito a ejacular. É preciso limpar os vidros e arrumar tudo. Passo depressa um esfregão no quarto.
– Ei, Pit, não esqueça sua escada.

Cortinas fechadas
Louise, 1964

ERA COMEÇO DA SEMANA E EU ESTAVA com a corda toda para dar duro. Na segunda-feira seguinte, eu devia tirar duas semanas de férias com Wimpie e, por isso, precisava fazer entrar dinheiro. Wimpie me acompanhou até a Voorburgwal e me deixou após um "Bye-bye!".
Ao descer do carro, vi uma cortina branca de renda bordada tapando a vitrine. "Ora essa, que estranho", disse com meus botões. Mas, tudo bem, era o que era. Fui ao meu quarto para me trocar. Uma vez pronta, quis me sentar atrás da vitrine. Abri a cortina e de repente percebi um policial diante da porta. Pensei: "O que é isso? Essa é nova! Saco, o que esse cara tá fazendo aqui?". Dei uma batidinha no vidro, imaginando que talvez ele quisesse aproveitar algumas de suas horas de trabalho. Não reagiu e ficou parado como uma estátua. Como ele estava começando a me tirar do sério, eu disse:
– Ei, dá pra ir ver se eu não tô lá na esquina? Você tá afugentando os clientes. Preciso ganhar o meu pão de cada dia. Não tem mais nada pra fazer, policial? Ei, dá o fora, ok?
Nem tinha terminado de falar quando minha patroa entrou e me disse:
– Lous, feche agora mesmo a cortina.
– O que foi? Não tô por dentro de nada. O clima tá pesado, hein?
– Tem uma nova proibição: não dá mais pra sentar atrás da vitrine. Por isso que pendurei cortinas.
– E o que aquele policial tá fazendo na frente da porta?
– Ele fica marcando de cima pra que ninguém se sente atrás da vitrine. Se alguém insistir mesmo assim, vão nos dar uma multa. Vão fechar a boate e fim de papo.

– Bom, não vai ser do dia pra noite que vão me chutar daqui. Preciso de grana e o dinheiro não cai do céu.

Minha patroa perguntou:

– O que você vai fazer, Lous?

– Vou continuar fazendo ponto, como se nada tivesse acontecido.

– Bom, vou voltar lá pra cima. Se tiver confusão, chamo você.

Aquilo fazia aumentar a curiosidade dos caras lá de fora, que espiavam ainda mais. Comecei a abrir e fechar a cortina sem parar, o que fez um homem esboçar uma reação. Ele se aproximou da vitrine e perguntou:

– Dá pra entrar?

– Claro, venha.

Escancarei a porta antes de voltar a fechá-la, batendo. Segui direto para meu quarto.

Ele disse:

– Me chamo Hans. Quanto é?

– Com Marie, pra começar é cinquenta florins.

Disse com meus botões: "Agora, tenho que segurar os clientes por mais tempo e agradar eles pra pegar mais grana, assim não vou ficar cara a cara com aquele policial e não terei mais esse papo de cortinas". Falei:

– Hans, agora que somos só nós, a festa pode começar.

– Só quero brincar com você.

– Beleza.

Dito e feito.

– Foi muito legal, Marie. Você sabe mesmo como fazer.

– Obrigado, Hans, por esta e pela próxima... Até mais.

– Até mais. Tchau, Marie.

Acompanhei Hans até a porta, e o policial ainda estava na frente. Pensei: "Uma hora talvez ele volte pra casa, não?".

Eu espiava outra vez por trás da cortina quando minha patroa me chamou:

– Venha ver, Lous.
Saí e olhei para fora. Leen estava debruçada na janela e me disse:
– Um dos seus clientes habituais acabou de passar. Se ele voltar, vou falar pra entrar e ir pro seu quarto. Deixe a porta entreaberta. Também é proibido falar?
E de repente aparece Eddie, um habitué.
– Ei, Marie, o que aquele policial tá fazendo ali na frente?
– Acho que é medida de segurança, ou tão procurando alguém.
– Será que não é você que tão procurando, Marie?
– Me diz, Eddie, quem você acha que ia me procurar? Só um cliente precisado. Como você, não?
– É, isso é, Marie, minha gatinha dengosa.
– Vamos, tô pronta.
– Você vai ganhar uma aula de defesa pessoal. Vou atacar você. Você vai ter que me imobilizar e sentar em cima mim. Depois vou me render e pedir "misericórdia", "misericórdia, gatinha" e dizer que não posso mais atacar você.
– Tá bem, Eddie.
Não entendi aquela história logo de saída. Eddie veio para cima de mim, agitando os braços. "Preciso deter ele agora mesmo", pensei, e me lancei em cima dele. Depois de imobilizá-lo e empurrá-lo para a cama, sentei em cima dele, dizendo:
– Implore misericórdia, Eddie, vamos!
– Não, minha gatinha, ainda não.
– Por que não, Eddie?
– Primeiro a gatinha tem que bater uma pro Eddie.
– Ah, entendi.
E Eddie e a gatinha colocaram suas mãos à obra para o maior prazer. Eddie ainda ficou um tempinho me fazendo carícias e em seguida se sentia totalmente revigorado.
– É, Marie, isso vai me deixar calmo por um bom tempo. Até mais.

Eu também tinha acabado por aquele dia. Precisava arrumar as coisas e sair. Amanhã seria um novo dia. Estava curiosa para saber se encontraria de novo aquele policial...

No fim das contas, ele permaneceu várias semanas. Aquilo nos deixava malucas. Ainda bem que ele se afastava alguns metros de vez em quando, assim o negócio podia continuar. Um belo dia, o policial desapareceu e as cortinas retornaram para os armários. Tudo voltou a ser como antes.

Paixão no bairro da Luz Vermelha
Louise, 1963

É ALGO QUE TAMBÉM ACONTECE: se apaixonar no bairro da Luz Vermelha. Certa tarde, depois de atender alguns clientes, estava bebendo uma xícara de café na sala da frente quando vi um bonitão passar diante da vitrine. Ele me fez um sinal com a cabeça e continuou seu caminho. "Que pena, não vou agarrar este. Vai ficar para a próxima." Mal tinha pensado nisso quando o deus grego apareceu.
– E aí, loira. Vamos?
– Quando quiser, bonitão.
Fomos para o quarto e ele me deu a grana. Era a hora da distração. Ele se apresentou: me disse que seu nome era Onnie.
– Certo, o meu é Ollie – falei.
Ele era bastante alto, tinha cabelos castanhos, um corpo escultural, um rostinho lindo. Mexia comigo pra valer. O tipo com quem a gente sonha em fugir. Falei de mim para mim: "Este pode ficar uma hora". Além disso, sabia fazer como um deus.

Depois dessa vez, Onnie começou a aparecer com regularidade. Chegava a toda em sua moto e parava com ela sobre a ponte, perto da Oudekerksplein. Assim, podia ver o nightclub e a vitrine, e observava logo de saída se eu estava livre. E então, vapt-vupt, ele entrava. Meu bonitão estava de volta. Um duffle--coat, um grande xale, e *shalom*!

Um belo dia, descobri que tinha uma quedinha por ele. Quando ele estava comigo, o tempo parava. Ai, eu estava em maus lençóis! Aquilo acabaria acontecendo. Me sentia tão bem com ele. A relação havia se tornado íntima e depois muito forte.

Na época, estava fora de cogitação fugir com outro. A gente arriscava a própria pele. Era difícil. Os cafetões de antigamente não engoliam esse tipo de coisa. O que não significava que não podia acontecer. Conheci garotas que fugiram com outros homens, mas tiveram que ir para bem longe. Algumas até mesmo aterrissaram nos Estados Unidos com um lindo ianque.

Seja como for, estávamos bem próximos, Onnie e eu. A gente se divertia pra caramba e ria muito. Ele era mesmo um cara bacana. Depois de um período bastante longo, Onnie desapareceu. Achei aquilo muito triste, claro, mas lógico. Sem dúvida encontrara um relacionamento estável. Eu o vi muitas vezes na tevê, o que não me incomodava. E, anos mais tarde, passei a esbarrar com ele frequentemente. Continuava mexendo muito comigo. Certa vez, minha irmã e eu o vimos em um bar, na zona oeste de Amsterdã. Ele estava apresentando um cantor que subiria ao palco. Trocamos um olá, papeamos um pouco. Porém, ele estava com uma companhia que exigia toda a atenção dele.

Então, a gente deu tchau para o bonitão e deixou o bar.

MORDIDINHAS
Martine, 2011

– Ô! Ô!
Eu abro a porta para ele.
– Só de ouvir sua voz, fico de barraca armada.
– Ainda tá duro? Não é melhor aqui dentro?
E, sim, é um homenzinho excitado e cheio de energia, de cerca de 55 anos. Um verdadeiro magricela. Ele paga e tira a roupa.
– Tem como você dar mordidas na minha orelha?
– Tem.
Cuido para não morder muito forte.
– Oh, como é bom. Tô cada vez mais excitado. Morde. Vai, continua.
Ele está um pouco ofegante.
– Dá também pra dar mordidas nos dedos das mãos e dos pés?
– Dá, mas isso leva mais tempo. Vai abrir a mão?
– Com prazer.
E ele paga um adicional.
Começo pelos dedos dos pés, depois mordo os das mãos. Mal encosto. Cada vez, ele vai para o paraíso.
– E, agora, eu quero nos joelhos. É tão gostoso. Você também pode dar mordidinhas no pau?
Seja como for, não se deve exagerar!
– Sem problema, se você me recompensar com um pouco mais de *money, honey*!
Boquete eu não faço, mas morder... Ele abre de novo a carteira com pressa, com um gesto teatral de mão tira uma nota e me estende. Pego um preservativo e ponho na banana dele. E começo outra vez a mordiscar. Ele diz:

– Ai, isso machuca.
– Ah, desculpe!
– Vai mais leve, agora.
– Assim?
– Isso... delícia. Isso é tão bom! Você nem imagina quanto. Para o meu gosto, aquilo já começa a ser suficiente. Estou com dor nos maxilares e lhe mordo sem rodeios o pênis.
– Ah! – geme ele. – Como é bom!
E goza de uma vez.
– Já era hora – digo, aliviada. – Missão cumprida.

CADEIRA DE RELAXAMENTO
Louise, 1965

— ENTRE. OLÁ, JORIS, como vai?
— Indo, Marie. Hoje, sou uma cadeira de relaxamento. A Mariezinha tá precisando de um relax.
— Isso vem na hora certa, porque ontem à noite caí na farra e só voltei pra casa de manhãzinha. Então, maravilha, mostra pra mim sua cadeira de relax.
Joris se ajoelhou no chão e engatinhou na minha direção. Depois, disse:
— Aqui, Marie, vem sentar.
Tomei lugar na sua cadeira de relaxamento e me deixei levar. De repente, Joris começou a espernear, e eu a balançar de um lado a outro.
— Joris, o que tá fazendo? Quase fiz dodói!
— Não, Marie, não tem perigo. Vem cá, sua irmã gêmea trabalha hoje?
— Acho que sim, Joris. Daqui a pouco ela pinta aí.
— Ah, beleza! Ela também precisa de um relax na minha poltrona.
Ao escutar Martine, vou ao corredor e peço para ela se juntar à gente.
— Olá, Mollie, teve um bom dia?
— Sim, mas cansativo.
— Bem, então você tá com sorte. Vai poder descansar na minha cadeira.
Mollie logo salta na cadeira de Joris, que está radiante. Ela dá a volta no cômodo em cima de seu assento de quatro pés.
— Marie e Mollie, quero que vocês duas se sentem ao mesmo tempo na minha cadeira.

– Tá, mas você não tem medo de não resistir com duas pesos-pesados?
– Não – diz Joris. – Já vi outros, você sabe.
– Tudo bem, Joris. Tá pronto?
Subimos juntas na cadeira de Joris e começamos a balançar e fazer cócegas nele, uma de cada vez. Ele se divertia pra valer, e a cadeira desmoronou. A gente estava morrendo de rir e não conseguia parar.
Joris recobrou a seriedade e começou a gritar:
– Agora minha cadeira tá quebrada, suas doidas varridas. Tudo por culpa de vocês.
Em seguida era certa uma crise de risos convulsivos. Bastava a troca de um olhar para que aquilo recomeçasse. A gente disse para ele:
– Joris, calma. Vamos consertar sua cadeira.
Dito e feito. Ao levantar Joris, senti um pau latejante.
– Opa, o que é isso?
Colocamos Joris outra vez em posição de cadeira e sentamos em cima. Começamos a acariciar seu pau, ele deu uma mãozinha e gozou, muito relaxado.
– Bom, tô indo – disse Joris. – Tchau, Mollie e Marie, até a próxima sessão de relaxamento.

A HISTÓRIA DE LEX

Martine: Lex é um dos nossos velhos conhecidos do De Wallen. Conhece bem a zona e sabe do que está falando.

EMBORA EU SEJA DESDE os meus dezessete anos um visitante regular deste lugar chamado bairro da Luz Vermelha, nunca escrevi nada sobre o que segue. Faço isso agora, a pedido de Tine.

Pessoalmente, acho que no passado as moças de vida conheciam melhor seu trabalho do que as de hoje. Para falar de modo vulgar: o cliente entra, se despe, deita e transa. E é tudo. Como era antes, digamos lá pelo final dos anos 60?

Bom, claro que a gente transava, mas não antes de desembolsar o máximo. Havia mulheres que usavam pelo menos três calcinhas. Você era rapado nas regras da arte. Era leal. Todas tinham suas especialidades. Liz amava dar palmadas. Jasmine era mais de fetiches. Desenhava homens no peru do cliente com um lápis de sobrancelha.

Nos anos 80 chegaram as sul-americanas. Primeiro do Brasil e mais tarde da Colômbia. Não cobravam muito, faziam com entusiasmo e de modo diferente das holandesas. A língua, claro, era um problema, mas a língua do amor todo mundo fala. Elas tinham a concorrência das putas drogadas que vinham de toda Europa e que vendiam o corpo por quase nada. De fato, isso jogou por terra o período de ouro da prostituição holandesa. Eram as Maria, Anna etc. que faziam chover.

Depois dessa invasão, no momento da queda do Bloco do Leste, chegaram as albanesas, romenas, iugoslavas, polonesas e tchecas. Devido à barreira do idioma e para se livrar do cliente o mais rápido possível, faziam tudo o que se quisesse por uma ninharia. Era preciso tirar a roupa às pressas, se deixar chupar, transar, gozar, se vestir e desaparecer. Próximo! Quinze clientes por dia era completamente normal.

Mas voltemos ao passado e às duas irmãs da Oudezijds Voorburgwal, Louise e Martine. Esta, aliás, trabalha até hoje. São gêmeas. A gente nunca sabia qual delas estava na nossa frente. E mesmo assim eram diferentes: uma mais dura nos negócios e a outra mais inclinada ao sadomasoquismo. Seja como for, sempre se guardava uma boa recordação dos momentos passados com elas. Neste sentido, eram verdadeiras profissionais. Carnudas e com tudo o que é preciso, era isso o que eu adorava. Às vezes me pergunto como seria me divertir de novo com a outra.

Por que são tão boas e até melhor do que as demais? Boa pergunta. Uma profissional é como um espelho. Faz o que dá na telha do cliente naquele determinado momento e que ele adora. Se isso for do agrado dela também, melhor ainda. Sem dúvida ela faz isso pelo dinheiro e o cliente vem para algo que provavelmente não possa encontrar em casa. Por quê? Porque dentro de casa é outro tipo de relação e com frequência o cônjuge é freado por um sentimento de respeito. Com uma profissional, não é a mesma coisa. Ela faz o que passar na cabeça poluída do cliente e diz o que é possível e o que não é. Nem todas concordam em fazer coisas como o sadomasoquismo, fetiches, chuvas douradas etc.

Como qualificar a relação com uma mulher à toa? Em geral, o tempo da visita é divertido. Elas são fiéis? Acho que sim. Antigamente, ia me encontrar com uma mulher, vou chamá-la de Astrid para simplificar as coisas, e ela era fiel a seu marido. Tinha uma menina e um menino. Para brincar, um dia lhe perguntei:

– E, caso o seu filho passasse pela rua, o que você faria?

Segundo ela, o risco era pequeno, pois ele não morava em Amsterdã. Só que em certo momento aquilo aconteceu. A relação deles sofreu uma ruptura dolorosa. Isso provocou uma tragédia. Eles viveram todos aqueles anos da xoxota dela, mas isso não contava mais. O maridinho encontrara neste intervalo outra moça. (Astrid me mostrou as cartas de amor que ela escrevera para ele.) Eis aí o que acontece. Aliás, essa relação também ruiu. Depois dessa história, Astrid parou de trabalhar. Ela já não tinha mais motivação alguma.

Muitas daquelas damas pararam agora: Astrid, Rik, Jenny, Mar, Ans e Esmee, entre outras. Ou não estão mais entre nós, como Liz, Jasmine e Lena. Algumas se mudaram para outras cidades. Aparentemente, um grande número delas era natural da cidade de Haia.

Tine ainda trabalha com entusiamo e faz agrados a seus clientes regulares. A gente nunca vai embora sem tomar uma xícara de café. Foi em um desses momentos que ela me pediu para escrever minhas recordações.

Todos os clientes das "mulheres de vida à toa" deveriam saber que nenhuma moça de quinze anos realmente imagina para si esse trabalho. Caem nele. Uma aos dezoito anos por razões econômicas, outra após uma relação mal-sucedida ou qualquer outro revés do destino. Quase nunca é por livre e espontânea vontade. Com exceção de algumas mulheres que acham isso excitante ou que fazem pelo dinheiro fácil. E ainda é de se pensar: *easy come, easy go*. Um conselho: trate-as com respeito e ternura. E não esqueça: se elas gostam, você também gostará. E será recompensado por uma meia hora muito agradável.

Saudações cordiais,
Lex de Amsterdã.

Dois coelhos com uma cajadada só
Louise, 1965

THEO TINHA CHEGADO ÀS QUATRO da tarde no canal. Vinha de Groningen e era um cliente habitual. Quando seus negócios o chamavam a Amsterdã, ele unia o útil ao agradável. Cada vez, dizia:
– Primeiro os negócios e depois a moça da Luz Vermelha.
E dava gargalhadas. Eu respondia:
– Claro, Theo, como quiser. E o que manda hoje?
– Theo tá a fim de gozar com você. Quero ver você sentada de salto alto na poltrona com seu vestidinho colado, que valoriza os seus seios pra valer. E quero que você dê voltinhas no quarto. Ótimo! E quero que você ponha batom nos lábios se olhando no espelho. Maravilha! Como você é linda, Marie, e parece tão simpática. Venha uma hora ou outra deitar pertinho de mim, pra eu poder acariciar você.

Me deitei do lado de Theo, e ele me acariciou com ternura. Era evidente que estava curtindo e dormiu, bem contente. Para mim não fazia diferença, já que de todo modo ele devia ficar muito tempo.

Às seis e meia, ouvi barulho de porta. Martine se aprontava em seu quarto para ralar. Ela foi para fora e logo fisgou alguém. Depois de um momento, bateu à porta do meu quarto de leve.

– Lous, estou com um cliente que quer duas. O seu cliente ainda vai ficar muito tempo?

– Sim, um tempinho, mas não importa. Ele tá cochilando, então já tô indo.

E fui na ponta dos pés para fora do cômodo.

– E aí, Tine, ele deu quanto pra você?

Ela me estendeu a mão e colocou a grana na minha. Contei quanto tinha.

— Ei, vale a pena.

Koos nos esperava com impaciência no quarto de Tine. Era um habitué.

— Bem, Marie — disse Koos —, primeiro quero dar uma boa trepada com você e depois comer Mollie.

A gente colocou música e dançou uma lenta com Koos. Isso o deixou bem animadinho e ele se jogou direto na cama. Koos já não era muito jovem, mas quando se tratava de dar uma boa trepada parecia ter dezoito anos.

— Marie, você é mesmo demais.

— Você tem que voltar pra ver seu cliente — alertou Martine.

— Vou acabar sem pressa com o Koos e depois a gente toma um copinho de gim juntas.

Voltei para meu quarto e lá estava Theo, que dormia como uma pedra e roncava como um porco. Sentei na cama e fiz um carinho em sua cabeça. Ele despertou.

— Ei, Marie, você continua aqui?

— Sim, Theo. Tá na hora de acordar pra vida.

UMA VOLTINHA
Martine, 2011

TARDE DE DOMINGO. Espero na cadeira e vejo um conhecido diante da vitrine. Klaas, um sexagenário sempre bem-humorado. Ele vem há anos.
– Oi, como vai? Faz um tempão.
– Nem tanto assim. Só dois meses.
– É, mas já tava na hora de voltar.
– Eu tô com pressa – diz Klaas. – A gente pode passar pra ação?
– É pra já, agora mesmo. Mostre pra Mine do que você é capaz!

Klaas diz que está no paraíso.
– Que delícia!

Mas continua jogando conversa fora e a coisa não anda.
– Tinha uma de vinte anos, um pouco mais.
– Aposto que era uma moça linda.
– Não é isso que conta, minha querida.
– Vem cá, Klaas, dá pra ficar quietinho? Achei que você tava com pressa, né?
– Tem razão, é verdade. Tenho que passar pra buscar meu amigo no café. A gente precisa voltar ao mesmo tempo.

Klaas veio passar um dia em Amsterdã com a esposa e um casal de amigos. Porém, assim que chegaram ao centro, os caras de pau sumiram. "Vão namorar as vitrines, nós vamos dar uma volta." Ele dava gargalhadas daquilo.
– E seu amigo gosta das mesmas coisas que você?
– Ele nunca comentou comigo, mas sei que também vem pra esses lados. Ficou mais difícil pra ele porque sua garota preferida se mudou. Cada vez tem que achar uma nova. Ele não gosta disso, porque elas nem sempre fazem seu tipo.

– É mesmo uma pena.

Klaas, que adora papear, esquece outra vez que está com pressa.

– Vem, tá na hora de começar. Ande, salte em cima de mim.

Klaas está em transe. Ele grita: "Socorro! Socorro!" no momento de gozar. Não perdeu o costume.

– Caramba, na certa minha mulher já tá me esperando na C&A com sua amiga.

Ele se veste às pressas. Antes de sair, verifica se o seu amigo não está passando por acaso pela rua, pois, embora eles façam o mesmo caminho, ambos preferem não saber com que mulher o outro deitou.

– Tá liberado, pode sair!

Klaas sai a toda velocidade porta afora, brincando.

– Até a próxima, Klaas!

– Espero que logo, Marie!

MEIA-PORTA
Louise, 1967

NO INVERNO, NÃO HAVIA muita gente circulando pelo canal no De Wallen. Os ganhos despencavam e isso fazia nosso ânimo desabar para o fundo do poço. Algumas iam tentar a sorte em outro lugar, em geral em um bordel de outro bairro. Encontrei algo na Reguliersdwarsstraat, perto do canal Singel e da Munttoren. Ficava no primeiro andar. Toquei a campainha. Uma mulher gritou: "Pode subir!". E eu subi.
Ela me estendeu a mão, dizendo:
– Aposto que tá procurando um quarto!
– Sim.
– Tá bom, queridinha, pode começar agora mesmo.
Eu dizia com meus botões: "Que buraco imundo é esse? Vou dar o fora daqui!". Porém, disse à dona da espelunca que gostaria de tentar.
– Onde fica meu quarto?
– Bem aí, na frente do seu nariz, atrás da cortina.
– Bom, vou ajeitar minhas coisas.
Era um espaço minúsculo, sem janela, uma espécie de barraca grande.
Ela me perguntou:
– Conhece as regras? Aqui é *fifty-fifty*.
– Ah, é? O que quer dizer com isso?
– Quando um cliente paga cinquenta, a gente reparte o bolo e divide a cereja. E se você rapar o cara no quarto, me dá também metade do resto. E na hora. Eu fico atrás da cortina. Sacou?
– Sim, senhora.
Desci a escada, abri a parte de cima da porta e me debrucei. Observava a Reguliersdwarsstraat. Havia um bocado de gente

caminhando. Do outro lado, um cara já me secava. Estava curiosa para saber o que faria. De repente, atravessou a rua e estancou na minha frente.

— Olá, amorzinho, quer companhia?
— Claro, entre.

Ele me seguiu na escada. A cafetina reinava em sua poltrona de couro. Bem na frente da cortina.

— Como você se chama, amorzinho?
— Eu me chamo Dol e comigo é diversão garantida.
— O meu é John. Toma, aqui tem cinquenta florins.
— Obrigada. Não quer ficar mais? A gente faz sem pensar no tempo.
— Claro, por que não? Tenho todo o tempo do mundo esta tarde. Pronto, aqui tem mais cem florins.

Me enfiei através da cortina de veludo para dar 75 florins à patroa. Ela estava esparramada na poltrona, com um cigarro aceso na mão.

— Muito bem, filhinha, os negócios tão andando.
— Sim. É esse o objetivo da operação.

John não era complicado.

— Dol, quero trepar gostoso com você, mas essa mulher... será que não vai ficar vendo, escondida?
— Que nada, não dê bola, John. Ela já viu tantos. Ande, vamos curtir juntos. Depois não vai ter mais problema.

Tudo correu bem. John voltou a se vestir, satisfeito.

— Ei, Dol, você é mesmo diversão garantida. Me dá seu número? Posso ligar pra você quando voltar a Amsterdã? Gostei de você. É uma moça linda.

Passei meu número a John. Ele me sussurrou no ouvido:

— Toma, uma lembrancinha. Não entregue à patroa. Foi você quem fez o serviço, não?

John me estendeu três notas de vinte e cinco e eu fiquei encantada.

— Brigada, John, vou saber o que fazer com isso.

– Tchau, Dol. Vou ligar pra você em breve.

John abriu a cortina e partiu, roçando na mulher. Continuei dando duro. Pus os cotovelos em cima da meia-porta e fisguei mais quatro clientes naquele dia. Ainda trabalhei uma semana e meia pela metade do preço. Era uma experiência nova, mas eu não tinha vontade alguma de permanecer naquele covil pulguento. Era bem mais agradável às margens do canal, com as demais garotas. Pelo menos a gente se divertia.

Então dei tchau para a cafetina. Ela não entendeu patavina.

– Mas você não tá ganhando bem?

– Tô, mas paciência. Boa sorte e bye-bye, senhora.

KEESJE E TIA MIP
Martine, 2011

KEES ADORA FETICHES. Sempre imagina algo novo. Às vezes me faz morrer de rir. Hoje, eu sou a tia Mip e ele o vizinho ingênuo: "Faz de conta que tia Mip tinha 65 anos e eu 18. Papai e mamãe saíram certa noite e eu devia ir dormir na casa da tia Mip, a vizinha do apartamento de baixo. Ela morava há anos com o tio Gerrit, que tinha 85. Tia Mip me disse:
– Vou dar uma polida na sua torneira.
Eu não entendia bem o que ela queria dizer. Tio Gerrit fora dormir depois de uma bebedeira, e por isso estávamos sozinhos na peça. Eu acabava de fazer dezoito anos e ela me deixava pouco à vontade. Ela acrescentou:
– Vem cá pra eu abrir seu zíper. Tia Mip tá com muita vontade de ver sua torneira depois de todos esses anos.
Depois ela tirou, apalpou e fez carinho nela. Estava muito gostoso. Tia Mip continuou acariciando ela, e eu gozei muito forte. Era a primeira vez que aquilo acontecia comigo.
– Eu quero fazer isso todos os dias, tia.
– É só voltar amanhã, meu pequeno Kees.
– Pode deixar, tia.
Subi às pressas, porque papai e mamãe estavam de volta.
– Foi bom ficar um pouco com a tia Mip?
– Foi, sim.
E contei aos meus pais que eu precisava fazer compras para ela no dia seguinte."
No dia seguinte, ele foi direto à casa da tia Mip. O que aconteceria desta vez? Bateu à porta e entrou pelos fundos.
Tia Mip gritou:

– Quem é?
– Sou eu, seu pequeno Kees.
Tia Mip estava contente de vê-lo outra vez. Ela tirou o corpete, que libertou um enorme par de seios. Disse:
– Vai, toque neles.
Então ele os pegou com a mão e os apalpou de todos os lados. A tia se livrou da saia rapidinho e tirou sua grande calcinha. Ele nunca vira aquilo. Entre as pernas da tia havia uma enorme xoxota cheia de pelos. Sua vara ficou em posição de sentido e permaneceu ereta. Ele não sabia mais onde estava.
– Vai deitar na cama – disse a tia. – Oh, como seu pau é duro! Quero me sentar em cima.
– Vem cá, tia.
Ela pulou em cima e começou galopar.
– Oh – falou a tia Mip. – Não posso sair mais.
Ela continuou galopando. Keesje nunca tinha visto aquilo.
– A gente chama isso de transar – informou tia Mip.
– Tô achando muito bom, continue subindo e descendo. Oh, tia Mip, não aguento mais. Sinto algo tão bom e tão estranho.
– Relaxe – aconselhou tia Mip. – Se entregue.
E os dois gozaram juntos, gemendo.
– Muito obrigado, tia Mip.
– Agora você não é mais meu pequeno Kees. É só Kees – respondeu a tia Mip.

A major Bosshardt e "Toos"
Louise, 1965

ABRIL ESTAVA QUASE ACABANDO. Era fim de semana e eu bebia café com algumas colegas na peça da frente, a da vitrine. Estava sentada perto da janela, para fisgar clientes. Desci do meu pedestal para conversar um pouco com as outras. Naquele dia, éramos cinco: Dollie, Mollie, Trees, Alie e Bep. A gente se divertia muito juntas. Em certo momento, vimos passar, decidida, a major Bosshardt, do Exército da Salvação, de braços dados com uma mulher. A gente disse:

– Ó, tá vindo aí o exército. Ei, garotas, ganharam um pouco de grana pra coleta?

– Sim – falou Trees –, já abri as pernas.

Pois então, aquilo viria bem, já que a major entrou escancarando a porta. Ao lado de sua colega, ao menos como imaginávamos naquele momento.

– Olá, meninas, como estão?

Todas respondemos ao mesmo tempo:

– Olha, major, a gente tá esperando. Não dá pra gente pegar emprestada sua caixa de coleta uma vezinha só?

A major sorriu um instante, e nós acrescentamos:

– Hoje isso cairia bem. E a gente forraria os bolsos.

A major recobrou a seriedade para dizer:

– Quero apresentar uma amiga que também é profissional do sexo para vocês. Não se importam?

– Claro que não, major, a senhora sabe disso.

– Ela gostaria de saber como as coisas acontecem aqui.

– Como assim? – questionou Alie.

– É só ela nos fazer perguntas – disse eu.

A amiga em questão se apresentou como Toos.

– Então, eu sou a Dollie e ela a Mollie. Aquela é a Trees.

— Eu sou a Alie.
— E eu a Bep, prazer.
O gelo estava quebrado e Toos me indagou:
— Vi a senhorita atrás da vitrine, mas onde fica seu quarto?
— Vou mostrar pra você, Toos.
Ela me acompanhou para o quarto de programa. Examinava o cômodo pensativamente. Havia um pequeno aquecedor a óleo que fumegava e exalava mau cheiro tanto quanto podia. Na época, não se tinha calefação central, o que era normal nos anos 60. Havia também uma cama de solteiro, próxima ao chão. Uma daquelas camas trampolim em que a gente afundava sempre demais. Um toucador, um lavabo e um armário. Era tudo.

De repente, Toos me perguntou:
— Suponha que um amigo meu queira que eu trabalhe pra ele na prostituição. O que a senhorita acha, devo aceitar?

As outras garotas também estavam ouvindo o que Toos dizia e começaram a gritar:
— Ei, se ela tiver bastante grana pra viver, não tem que embarcar nessa, mas não mesmo.

Comecei a pensar: "O que significa essa bobagem toda? Será que Toos é mesmo amiga da major Bosshardt? Talvez tenha se deparado completamente bêbada com ela na rua e depois viraram amigas. Toos melaria isso tudo por um cafetão cretino? Ainda mais se, como ela mesma disse, não sabe grande coisa sobre a zona e quer aprender mais".

Era por isso que Toos tinha perguntado a sua amiga major se podia acompanhá-la e entrar em um bordel, para bater um papo com as meninas. No fim das contas, a gente nunca sabia as voltas que uma vida podia dar. E foi assim que elas vieram parar aqui. A major escolhera este prostíbulo porque estava em uma esquina tranquila à beira do canal.

Todas as garotas achavam que Toos não devia começar um caminho sem volta. Que dava para ver que vinha direto do campo. Que tinha boa aparência, como uma camponesa em plena forma

e que vivera com certeza uma infância muito resguardada. Mas logo a gente começou a fazer piada:
— Acho que ela encheria os olhos de muitos homens.
— Uma mulher alta e robusta, com lindas pernas torneadas. Na minha opinião, Toos tem chance.
— Já eu digo que ela pode começar agora mesmo.
— Não tem como ela me substituir? Daqui a duas semanas saio de férias.
— Primeiro ela precisa tirar esses óculos escuros e esse cachecol pro trabalho, como está não parece com nada!

A gente se divertia entre nós, na presença da major e de Toos. De repente, trocamos um olhar. Cada uma de nós examinou Toos por um momento. Houve um silêncio. E também eu comecei a me perguntar sobre ela e aqueles estranhos óculos de homem que carregava no nariz. De súbito percebi que usava uma peruca com uma echarpe ao redor. Dei uma cotovelada na minha irmã, sussurrando:
— Puxa! É a princesa Beatriz!

Toos se traíra por seu modo de falar distinto e seu disfarce. Elas tinham ficado muito tempo. A major sentiu que a coisa estava desandando e colocou um ponto final à visita.
— Toos, está na hora de partir.

As duas nos agradeceram. E todas nós falamos ao mesmo tempo:
— E não vá ralar pra esse cafetão! Ele vai espremer você dia e noite e, se você não aceitar, talvez precise de um par de óculos pra esconder os olhos roxos. Diz pro cara que é só ele ir pessoalmente pra trás da Centraal Station.

Assim que elas saíram, fizemos apostas entre nós: era mesmo Toos, ou seria Beatriz?

Muito tempo depois, cerca de dois meses e meio, a major Bosshardt voltou a nos ver para explicar que era mesmo Beatriz. Que ela estava fazendo estudos na época. Tivemos a impressão de ter sido levadas no papo.

— A gente achava Toos tão bacana, mas era Beatriz.
— É uma pena, não? Mas a vida continua.
— Esperamos que ela continue bem. Mande a ela os cumprimentos das moças do bairro da Luz Vermelha.

O diretor
Martine, 2011

Vejo um conhecido passar. Caminha muito apressado, bem perto da minha vitrine, e continua à esquerda. Me levanto logo para observar para onde vai. Começa às vezes dando uma volta no bairro. Ninguém nunca sabe o que ele vai decidir. Talvez venha aqui, talvez vá com outra. Olha ele aí outra vez. Trocamos um olhar. Ele brinca e entra.

Dirkje é o diretor de uma grande oficina. Tem orgulho e não é pouco: fala disso o tempo todo. Também hoje:

– Isso é ótimo, sr. diretor, mas venha deitar. Esqueça um pouco o trabalho. Relaxe.

Dirkje se deita, mas seu pau está mole.

– Tô vendo que você precisa de um pouco mais de tempo. Me dê um pequeno aumento.

Responde com entusiasmo:

– Com prazer.

Levanta-se para acertar as contas.

– Assim, também vou dar um adicional.

– É tão bom. Você é tão meiga. Isso me faz tão bem, Dollie. Tô de volta às minhas fantasias.

– Conte pra mim o que tá passando por sua cabeça, Dirk.

– Tá bem. Estamos juntos na garagem. Aí eu escolho um carro vermelho e a gente vai fazer sacanagem. Quando eu fecho os olhos, é como se a gente tivesse lá.

Eu acrescento:

– Dirkje, a gente tá deitado bem à vontade neste carro vermelho. Engate uma primeira e nos leve ao paraíso.

ALFA ROMEO
Louise, 1966

ERA TARDE DE SÁBADO E AS GAROTAS do trabalho combinarem de passar um tempinho em um café da Warmoesstraat, que ficava perto.
— Lous, quer vir com a gente tomar um drinque?
— Não, Wimpie vem me pegar à uma e ainda tenho que ganhar um pouco de grana, senão ele vai dizer que não tem o bastante e o bicho vai pegar.
Eu hesitava: "Seria uma boa! E se eu fosse mesmo assim?".
As meninas não paravam de me martelar nos ouvidos para que eu as acompanhasse.
— Vou na próxima, se as coisas se saírem melhor.
— Beleza, como quiser.
E aquelas meninas, que formavam uma turminha admirável, saíram.
— Tchau, Lous, bom trabalho. Boa sorte e até de noite!
Tomaram a direção da Oudekerksplein, morrendo de rir. Depois, sumiram. Fiquei lá, sem dar moleza, e rendeu para uma tarde de sábado. A patroa desceu para me trazer alguma coisa gostosa para comer e me perguntou:
— É incrível como tá calmo. Todas as meninas estão ocupadas?
— Não, Leen, elas deram uma saidinha.
— Você não quis ir junto?
— Não, meu homem precisa de um rio de dinheiro. Quer comprar um Alfa Romeo.
— Caramba, não cai do céu.
— Sabe, Leen, a vantagem é que vou poder me sentar do lado dele quando vier me trazer e me buscar. Caro como um táxi, hein?
Leen balançou a cabeça:

— Vou subir de novo, Lous. Jan tá me esperando. Nós também vamos dar uma saidinha. Talvez a gente encontre as meninas.

— Sim, acho que pode ser engraçado. Divirtam-se.

— Até amanhã, Lous.

As garotas só voltaram à meia-noite, de táxi. Estavam caindo de bêbadas. Ellie desceu do carro primeiro, com Benno. Sem dúvida tinham se esbarrado no café. Ela ainda queria jogar um pouco de conversa fora comigo, mas Benno não deixou. Então os dois discutiram e Benno começou a bater nela. Corri na direção deles para me intrometer e isso deixou o cara de pau ainda mais exaltado. Ellie tinha que subir a escada, já que morava no segundo andar, mas não se aguentava de pé. A cada degrau, Benno lhe dava uma bofetada e a empurrava com violência. Não era nada bonito de se ver. Ela subiu assim a escada, levando pancadas, sob uma enxurrada de injúrias e gritos. Finalmente ouvi a porta de cima bater. Pronto, tinha acabado.

Uma vez que a calmaria voltou a reinar no bordel, não vi as demais garotas. A promessa de continuarem ralando depois de voltar do bistrô evaporara. Pensei: "Amanhã vão ter que tirar os óculos escuros do armário. Ótimo, pro inverno". Neste intervalo, bateu uma hora e Wimpie apareceu. Ele esperava com o motor ligado, buzinando como um possesso. Saí e joguei minha mochila dentro do carro.

— Olá, esportista. Já volto. Preciso fechar o lugar porque Leen e Jan estão de saída.

— Pode ir, Lous, eu espero.

Baixar a persiana da frente. Trancar a porta. Eu estava pronta e entrei no carro ao lado de Wimpie. Sem delongas, ele perguntou:

— Rendeu hoje? Pra um sábado?

— Sim, tirei uma grana boa porque fiquei sozinha.

— Que bom, assim a gente pode juntar pro Alfa Romeo. Se quiser um sanduíche, paro na Rembrandtplein. Você só tem que esperar na caranga.

Ele foi buscar um de foie gras e presunto, e fomos para casa. A gente subiu e comeu nosso sanduíche bebendo uma cerveja. Depois, fizemos hora extra juntos. O dia tinha acabado. Amém.

O Salão do Automóvel
Louise, 1967

Era fevereiro. Já pela tarde havia uma multidão no De Wallen, e os bares de esquina estavam lotados. Eu estava dando uma voltinha e aproveitei para pegar dois sanduíches. Também havia gente saindo pelo ladrão nos fast-foods. O Salão do Automóvel tinha acabado de ser aberto, atraindo camponeses e homens do interior, entre outros. Eles também aproveitavam para ir ver as moças atrás das vitrines. E nós ficávamos à espera deles, sem arredar pé.

Havia um bocado de homens caminhando em bando ao longo do canal. Eu estava com uma colega na peça da frente, quando um grupo parou diante da vitrine. Perguntaram se também fazíamos show e se topávamos dançar. Respondi:

– Sim, a gente faz, sem problema. É só entrar. Quem é o cabeça, o cara que vai acertar as contas e garantir o sossego dos outros?

Gilles estava no comando, e negociei com ele. Ele me pagou, a festa podia começar. Na mesma hora, Martine chegou para trabalhar. Ela viu todos aqueles homens e perguntou:

– Acho que vocês vão precisar de uma mãozinha, não? Ela acabou de chegar. O que os homens estão querendo?

– Dançar. E que a gente faça um show.

– Ainda tenho algumas roupas de harém – disse Tine.

A gente então se fantasiou de mulheres do harém. Colocamos música boa e partimos para uma dança do ventre. Na época, dava para fazer sem problemas, éramos flexíveis pra caramba. Quando chegava a sua vez, um homem e uma mulher iam dançar no meio. Os homens requebravam conosco. Aquilo os agradava muito e volta e meia eles caíam na gargalhada.

— Vá, Gilles, é sua vez de entrar na roda!

Gilles, que se divertia pra valer, gritou:

— Como esta garota é boa! Quero ela. Venha, faceirinha, um passo pra frente!

— Mas Gilles, hoje não tem como — disse um dos caras do grupo. — Por acaso você não é o chefe? Ande, vamos embora. Você vai voltar sozinho outra hora para ver essa mulher caliente, quando a patroa der pra você um dia de liberdade.

Bastou. Aquilo o acalmou na hora.

— Pois bem, meus caros, com prazer. Vocês são verdadeiros dançarinos do ventre. Mandem um beijo das meninas do bairro da Luz Vermelha pro interior.

— Sim, sim, sem falta. Que dia incrível! A gente ainda vai beber umas no Old Sailor, na Achterburgwal, um lugar bacana. Bye-bye.

Depois, nós três suspiramos. Bebemos uma xícara de café e demos umas boas risadas.

— A gente só precisa aprender a dança do ventre.

Calças de vinil
Martine, 2011

Ele tem pouco mais de quarenta anos e é gentil. Tira a roupa sem perder tempo.
— Me bateu um desejo de ver você. Estava cuidando do jardim quando de repente comecei a ficar com muita vontade. Saltei na mesma hora pra bicicleta. Por sorte, você estava na vitrine e pude entrar sem esperar.
— Coloque suas coisas ali.
— Eu queria que colocasse sua roupa de vinil: a jaqueta, os sapatos, a saia e o chapéu. Eu trouxe meu short de boxeador pra combinar.
— Como é bacana — respondi. — Vamos nos divertir bastante juntos.

Eu tiro a roupa. Ele também. Se aperta contra mim em seu short de boxeador de vinil. Faz carícia no material brilhante. Ambos dançamos em círculo. Ele adora sentir os dois vinis que se colam um contra o outro, seu short de boxeador contra minha saia e minha jaqueta.

De repente, fica satisfeito e diz:
— Estou cansado.
— Bem, vou preparar um café pra você.
— Boa ideia.

Ele se veste, dobra o short com cuidado e toma um café.
— Então tá — diz ele. — Vou lá cuidar do meu jardim. Tchau.

O ANÃO DE JARDIM
Louise, 1967

EU ESTAVA CAÇANDO CLIENTES na porta quando vi chegar o anão de jardim, todo de cinza e enrolado em seu cachecol vermelho. Equilibrou a moto com o pé de descanso e se lançou na minha direção. Trazia um saco plástico e queria que eu olhasse dentro. Perguntei por quê.
— Eu trouxe toucas de anão de jardim.
— E você quer fazer o que com elas?
— Você tem que vestir uma touca, uma touca de anão de jardim. Eu vou dar uma volta. Quando você estiver com a touca na cabeça, a gente vai entrar no quarto pra fazer a festa dos anões.

Coloquei a touca vermelha, pontuda. Ficou bem em mim, por sorte. Agora era só esperar o anão em chamas. Já estava chegando, também com uma touca. A festa podia começar. Pouco importava onde se achavam os anõezinhos: na rua ou no balcão, em um jardim ou em um parque, em uma galeria ou em uma praça, em um jardim compartilhado ou em seu próprio jardim, em uma loja de departamentos ou na calçada. Onde quer que fosse, aquilo o deixava completamente doido.

Ele me pegou pelo braço, dizendo:
— Você sabe que eu sou o anãozinho porco, repugnante, depravado, asqueroso, imundo, estúpido e malvado?

A ideia de ter uma anãzinha de jardim com ele o excitava tanto que estava em transe total. E, enquanto se masturbava, gritava:
— Eu sou o anãozinho de jardim perigoso, imundo, malvado e gozador.

Olhou para mim, satisfeito, perguntando:
— Ah, anãzinha de jardim, o que aconteceu com você? Sua touca caiu no chão.
Ele a apanhou depressa, dobrou os apetrechos com cuidado e os recolocou no saco.
— Tchau, anãzinha. Amo você!

As luvas de Hettie
Louise, 1966

Já passava de meia-noite. Wimpie devia vir me buscar no prostíbulo, mas eu olhava em vão para todos os lados: nem sinal de Wimpie. Com certeza enfurnado em algum lugar, como sempre. Só me restava esperar. Fui sentar no quarto da frente. Hettie chegou com a corda toda.
— Oi, Lous. Ainda tá por aqui?
— Sim. Dá pra acreditar que o tonto do meu homem tá atrasado outra vez?
— Tô contente de ver você, Lous. Normalmente, quando eu desço, você já encerrou as atividades e já caiu fora.

Eu alugava o quarto da frente no turno da tarde e da noite, e Hettie ralava nele durante a madrugada e a manhã. Era a única peça em que a gente podia sentar atrás da vitrine. As outras garotas seduziam clientes do lado de fora. Algum tempo depois, acrescentaram uma vitrine na porta externa. Oportunamente.
— Diga, Lous, como vai você? E seus filhos?
— As crianças vão bem, de saúde e tudo o mais. E seus meninos, Hettie?
— Bem, muito bem.

Os dois filhos dela moravam com uma família adotiva, assim como os meus. Depois de se trocar, Hettie foi para o pedestal do aliciamento e ficou bem à vontade em cima dele. Usava uma camisola preta de gola alta e longas luvas, também pretas, que subiam acima do cotovelo. Eu achava aquilo engraçado, porém para ela era magnífico. Hettie de repente bateu na vitrine com um ar de rainha.
— Ei, Hettie.

— Sim, pode falar.
— Me pergunto como você sai com luvas tão longas. Tem que tirar e colocar a cada programa? Isso demora mais do que fazer os caras gozarem. Você devia dobrar o seu preço.
— Tá maluca? Vou explicar: a Hettie aqui não tira nada. Absolutamente nada. Mantenho tudo e dou um trato neles com essas luvas a mais.
— Certo, saquei. Você vai de luvas.
— Isso mesmo, Lous.
— Então na certa tem pares de sobra pra trocar lá em cima.
— Claro. Na vida a gente precisa fazer aquilo que cai como uma luva.
— É a sua cara, Hettie, perfeito.
— Gosto não se discute, se lamenta. Mas onde diabos está seu homem?
— Vou esperar mais dez minutos, depois vou pegar um táxi na Nieuwmarkt.
— Oh — grita Hettie —, estou vendo passar um bom cliente.
— Você tá aqui pra isso, querida. Eu tô de saída.

Ela fez o cara entrar. Eu caio fora. Nada de Wimpie. Corro para a Nieuwmarkt, salto em um táxi e bora para casa. Sem demora a gatinha vai pra caminha. *That's life*, amanhã será melhor.

BRINCANDO DE MÉDICO
Martine, 2011

OLHA AÍ O KEES DE NOVO. Desta vez, devo ficar vestida, pois foram seus pais que o mandaram. Ele tem uma consulta com a doutora.
– Vou examinar você. Tire a roupa.
– Toda?
– Sim, também a calça.
– Doutora, que papo é esse?
– Quantos anos você tem?
– Dezessete.
Apalpo suas bolas, que se mexem. Ele as pega e as solta, uma de cada vez. Seus mamilos também estão nos conformes. Agora estamos prontos. Oh, não, não ainda...
– É tão estranho o que a doutora tá fazendo. Tô morrendo de vergonha. Minha mãe disse pra mim que a senhora só tinha que ver minhas mãos.
– Claro que não. Preciso examinar você todo. É sempre bom passar tudo em revista.
– E como que é pra se fazer um bebê?
– Bom, primeiro você tem que encontrar uma mulher.
– Ah, é? E depois eu tenho que mexer assim?
A doutora faz com a cabeça um sinal encorajador.
– Ai, doutora, como é gostoso. Ai, doutora, tô amando.

BARRIE E SUA VARA
Louise, 1966

DE CALÇA JUSTA DE CETIM AZUL-CELESTE e puloverzinho apertado e hiperdecotado, com meus peitos quase saltando para fora, eu estava me exibindo diante da porta e pensava: "Podem vir, homens, estamos aqui pra isso!". Muitos perguntavam: "Quanto é?". Ainda não havia muita gente circulando. Eu queria ganhar a primeira grana do dia e, de repente, quem eu vi aparecer na esquina da rua? Aquilo era prenúncio de sorte grande. Talvez eu tivesse chance de fazer a festa.
– Ei, Marie, como você tá gostosa. Dá vontade de saltar em cima de você na hora.
Aquelas palavras me divertiram.
– Diz aí, Barrie, vai ser o salto em distância ou o em altura?
– Tanto faz, Marie, o que importa é que eu possa saltar em você.
– Então entre logo.
Fechei a porta, e a gente foi ao meu quarto, para que Barrie e sua vara passassem à ação. Ficamos de pé uns cinco minutos, para aquecer. A vara de Barrie já tinha alcançado um bom tamanho quando ele perguntou:
– Vai dar?
Respondi:
– Hoje eu não vou deixar a sua vara passar.
Eu queria aproveitar, tinha me prometido, porque Wimpie havia me traído de novo e não se comportara bem comigo. E foi dado o disparo. Barrie fazia como ninguém. Eu me entreguei de corpo e alma. Um presentão, hein? E além do mais eu ia receber por aquilo. Barrie tinha um corpo bem-definido. A gente estava em um *love* total. Era um sonho. Ficamos deliciosamente enlaçados. Não era pouca coisa não.

A gente acabou recobrando o sentido e voltando à terra.
– Eta, Marie! – exclamou Barrie. – Você continua mesmo demais. Muito obrigado. Por mim a gente ia pra segunda prova. Ainda tá com vontade?
– Não é por falta de vontade, Barrie, mas o dever me chama. Já coloquei o prato na mesa, agora preciso da comida.
– Saquei. Então vou nessa.
Barrie me deu um beijo, dizendo:
– Você vai ter que se contentar com isso, por enquanto.
Não é como as pessoas pensam em geral. Há mais do que apenas sexo no De Wallen. A gente também sabe se divertir com uma companhia. Ninguém vai me fazer acreditar que as meninas que fazem programa não sintam prazer vez ou outra. Com certeza isso acontece. E faz tão bem de vez em quando! Mesmo que a gente ganhe a vida abrindo as pernas, não somos de ferro. Algumas são ainda menos de ferro do que outras. Porém, no fim das contas, essa diferença não tem importância. É sempre uma sacanagem quando seu homem não para de traí-la e torra tudo o que você ganha.

O VARAPAU
Martine, 2011

O VARAPAU ENTRA A PASSOS LARGOS. Fazia uns vinte anos que eu o conhecia. Parece uma estaca gigante, fina como um prego.
– Tá fazendo um dia bonito, hein, Marie?
– Sim, tá lindo.
Ele joga o casaco em cima da cadeira e me olha. O grandão ainda acha que tem vinte anos. Verdade que tem um pênis bastante impressionante. Há vários anos, seu instrumento não brochava, e ele continua falando disso o tempo todo.
– Sim, não é mais como antes, o pirocão.
Ele não consegue aceitar, mas não tem escolha. Seu grande pênis o deixou na mão. Vem à minha mente a imagem de uma baqueta sobre um tambor: faz um barulho surdo ao cair.
– Ora, ora, vai levar mais tempo, mas o que dá pra fazer? A gente tem o dia todo, basta pagar, grandão.
– Vou querer ficar um pouco mais.
Ele tira a carteira do casaco e me paga um adicional.
– Agora volte a relaxar.
Ele se deita, perguntando:
– O que acha dele?
– Acho magnífico, você sabe muito bem. Quando ficar bem duro, vou me jogar em cima.
– Só de saber disso já fico alegre. Como ele é bonito, né?
– Sim, seu pau é demais.
– Tá duro o suficiente?
– Vou dar pra ele o prêmio principal, não quero mesmo que hoje ele escorra por entre os dedos.
Felizmente acaba atingindo um bom tamanho.

— Vem, tá bom — diz ele. — Vem cá, tô pronto. Dê o seu melhor.

E ele mantém sua ferramenta em posição, mas, de repente, tudo desmorona.

O varapau olha o instrumento mole com um ar envergonhado entre as mãos enrugadas.

— Como foi que isso aconteceu?

— Sei lá. Você só tem que ir consultar o médico amanhã. Talvez tenha jeito. O tempo é o melhor remédio.

O varapau ainda resmunga um pouco. Depois, tem uma inspiração. Muito contente, olha para mim:

— Se não, vou pedir ao doutor um viagra.

A Procissão do Silêncio ou
a marcha dos cacetes em chamas
Louise, 1966

TARDE DE SÁBADO. Eu tinha feito algumas compras no Albert Cuypmarkt e comprado bons legumes frescos para a sopa. Voltei depressa para casa, a fim de guardar os alimentos e me arrumar para o serviço. E depois, vapt-vupt, tomei o bonde para chegar ao prostíbulo. Uma boa caminhadinha e estava pronta para começar.
– Olá!
– Ei, meninas, o que acham de ralar até mais tarde hoje?
– Como assim, Lous?
– Se eu fosse vocês, ia atrás de um carregamento de camisinhas, porque hoje é o segundo sábado de março e tem a Procissão do Silêncio. Há cem anos que os católicos celebram o Milagre Eucarístico de Amsterdã e um monte de devotos fiéis vai desfilar no De Wallen. A procissão começa na Heiligeweg, depois passa pela praça Spui, pela Nieuwendijk, pela Warmoesstraat, depois pela Nes e pela Oudezijds Voorburgwal, bem na frente das moças do bairro da Luz Vermelha. Aí o cortejo segue em direção à igreja Ouwe Kerk, onde entra. Praticamente só tem homens, milhares que seguem em fila.
– Tem razão, Lous. Ano passado fiz hora extra e saí com os bolsos cheios.
– Pois então, Alida, vamos ficar esperando eles e meter os peitos.
Fazia um dia feio e de vez em quando caía uma chuvinha fina. Ainda assim já havia uma multidão circulando no bairro.
– Ei, Lous, Martine tá atrasada hoje.
– Sim, mas era previsível, ela teve que ir a um aniversário. Daqui a pouco ela tá aí.

Bem naquela hora, um táxi passou diante de nós e a gente viu Greet sair fazendo estardalhaço sob os xingamentos de seu homem maluco, que estava sentado perto do taxista. Batendo a porta com violência, Greet gritou que ele não precisava voltar.

– Oi, meninas, como estão?

– Muito bem. O que aconteceu com o seu Richard?

– Tsc! Esse gambá voltou a me aporrinhar. Estou por aqui com esse imbecil. Que vá pro inferno. Ele que me esqueça, assim posso ter um descanso.

– Você tem toda razão! – gritamos nós ao mesmo tempo.

– Sabe, Greet, esta noite não vai faltar homem. Hoje é dia da Procissão do Silêncio.

– Ah, é por isso que tem tanta gente na cidade.

Já começava a anoitecer e eu estava sentada em minha cadeira atrás da vitrine. Alida caçava homens lá fora, em frente à porta, e Greet se trocava. De repente, quem eu vejo aparecer? Nosso pequeno Peter.

– Boa noite, Marie. Tá livre?

– Claro, Peter.

Ele seguiu apressado para o meu quarto. Levantei da cadeira. Peter já ficara completamente nu e mantinha as mãos atrás das costas. Pediu:

– Escolha uma mão, Marie.

– Quero as duas.

– Não pode – respondeu ele com um tom rabugento.

Eu me resignei.

– Bom, tá certo, então hoje eu vou querer a mão direita.

– Tome, Marie.

O pacote tinha uma embalagem bonita. Abri o presente: era um frasco da deliciosa água-de-colônia 4711 de Boldoot.

– Peter, adorei, de verdade.

Retirei a tampa e borrifei água-de-colônia por toda a minha volta.

Peter disse:

— Ai, Marie, você está tão cheirosa hoje. O meu nome é Peter e eu tô vindo pra festinha. Mas Marie, ver você assim me deixa louco.
— Que bom, então aproveite. Marie também adora fazer festa.
Peter se esforçava muito, e eu falei:
— Preciso confessar, você tem o dom e sabe fazer como ninguém.
— Sim, sim! – exclamou Peter. – É a última vez que gozo e essa impregnação de 4711 não tem preço.
E Peter desabou, extenuado. Eu lhe estendi um copo d'água. Ele voltou a se vestir depressa e recobrou sua dignidade.
— Bom, já vou. Obrigado e até a próxima.
— Até, Peter 4711.
Arrumei o quarto. Era incrível como estava fedendo. Abri a porta de fora para fazer o cheiro de 4711 sair. Martine havia chegado e papeava com Alida.
— Ora, já chegou, Tine?
— Sim, até já ajeitei tudo.
— Que bom. Tá com bastante camisinha?
— Alida me explicou.
Era quase meia-noite quando a gente viu o início do cortejo. Não acabava nunca o desfile de homens. Uma multidão de caras enfileirados. Eu acompanhava tudo da minha cadeira, atrás da vitrine. De vez em quando, um grupo deixava a procissão para desaparecer com as moças. Em um piscar de olhos, todas tínhamos clientes. E em seguida vinham outros, sem descanso. A gente não tinha mais tempo para conversar.
Eu acabava de acompanhar Tinus até a porta outra vez e sentara de novo em meu pedestal de programa. Do outro lado do canal, o cortejo não acabava mais. Reparei que avançava mais devagar e, de fato, vi outro grupo de homens dar uma escapulida. Tinham recebido uma revelação, a das luzes vermelhas. Chegaram esbaforidos ao bordel, e o mais malandro tomou a palavra:

– Ei, potranquinhas fogosas, estão livres?
– Claro, entrem. As outras já, já vão estar aqui.
Greet acabava de aparecer. Estava acompanhando um cliente até a saída.
– Então, Lous, vamos fazer um quarteto com os homens?
– O que você acha? Escolhe um.
Greet levou Joup para seu quarto. As duas outras meninas também chegaram. Todas estávamos com cliente.
Fui com Gerrie.
– Então, Ger, você passou o dia todo em Amsterdã?
– Sim, Marie, saímos de Overijssel e chegamos de tarde num ônibus grande pra participar da Procissão.
– É a primeira vez que participa?
– Não, é a terceira vez que venho com meus amigos. A gente pensa em tudo com bastante antecedência. Loucura, né? É, eu tenho que admitir que é uma procissão e tanto com todos esses homens. Em nossa família, é uma verdadeira tradição e uma convicção religiosa. A gente achou excitante pra valer sair escondido do cortejo pra vir atrás das moças. Deu uma excitação enorme. Meu pinto pia de impaciência.
– Vem cá, depressa. Eu sei do que ele precisa.
Gerrie pulou sobre a cama, gritando:
– Venha, cadelinha!
Ele adorava uma sacanagem. Então me joguei em cima dele e o imobilizei na cama. Ele estava em desvantagem e começou a chiar:
– Misericórdia, Marie. Misericórdia, eu imploro. Misericórdia!
E Gerrie gozou tudo de uma vez só.
– Ei, Marie, isso deu uma bela aliviada. Já vou. Obrigado e até o ano que vem.
As outras meninas também estavam livres de novo e bebiam café.
– Lous, quer uma xícara?

— Vou aceitar.

A procissão dos cacetes em chamas continuava fluindo.

— Ainda querem ralar, meninas? Tem pintos de sobra subindo pelas paredes.

— Não, pra mim já chega. Quem sabe no ano que vem.

O DESFILE DOS GARANHÕES
Martine, 2011

HÁ ANOS A GENTE O CHAMA de o "obcecado dos mamilos". Ele vai e vem, depois estaca diante de uma vitrine. Ele aperta os mamilos, se virando. E é inconveniente. Pergunta quanto custa, como se não soubesse há muito tempo. Depois avança para outra vitrine. Ele joga as meninas umas contra as outras e banca o importante. Não é o único. Os homens desfilam bem cedo da manhã até tarde da noite. Às vezes daria para ajustar um relógio se baseando no horário em que passam.

– Quanto é? Ah, volto já, já.

Jura? E lá vai ele dar suas voltas. Agora, na arte de cobiçar, são mestres. Alguns secam você literalmente.

– Vou voltar outra hora, talvez daqui a pouco – dizem.

Eles abordam todas as garotas. E perguntam, perguntam, sem nunca bater o martelo. A gente volta a ver a maioria deles no dia seguinte. Todos andam em círculos. Alguns varrem todos os quarteirões durante o dia inteiro. Muitas vezes levam junto o cachorro, para ter uma desculpa. Não me incomoda que fiquem dando voltas, não fazem mal a ninguém. Aquilo deixa a rua movimentada. Eles fazem parte do cenário.

Mas tem também os malas. Eles vêm em oito ou dez passar todo o bairro em revista, esses senhores metidos a besta. Em geral são turistas ou caras de outro lugar. São os maiores fanfarrões. Idiotas que tiram sarro das garotas, como se fosse muito divertido.

Um homem na casa dos quarenta foi e voltou durante todo o dia. Está aí outra vez, o enrolão. Não cansa de ir ver a moça da frente para repetir que vai voltar. E aquilo continua... Sua artimanha se estende desde as dez da manhã, e já são cinco e meia da tarde. Eles podem realmente acabar com o seu dia.

Existem também aqueles que se colam na porta para ouvir quando as garotas estão ocupadas. Verdadeiros espiões. Tem ainda aqueles que passam de bicicleta. Conhecem o lugar de cada menina e sabem tudo dos diferentes bairros. São sabichões, verdadeiros fofoqueiros. Enfim, se aquilo os diverte...

Olha quem está aí de novo, o obcecado dos mamilos. Vai mais uma vez se animar diante da vitrine.

– Agora você já rodou bastante. Entre!

E ele obedece. Conhece a rotina. Paga. Tira o casaco. Abre a camisa. E recomeça a acariciar os mamilos.

– É a senhora quem tem que apalpar eles.

– Tudo bem, sem problema.

Apalpo os mamilos dele sem delicadeza. Nos dois sentidos.

– Você só tem que bater uma sozinho.

Parece que aquilo não vai terminar nunca, mas ele acaba gozando. No fim das contas, consegui agarrar um enrolão. Bom, por hoje chega. Já estou por aqui com todos esses voyeurs. Amanhã, a gente terá direito a um novo desfile dos garanhões.

O ZERO À ESQUERDA

Louise, 1966

DEPOIS DE UM BOM CAFÉ DA MANHÃ, com um bocado de frutas e de pãezinhos quentes, servido na bandeja por Wimpie, o dia começara bem. Eu estava nova em folha e pronta para o consumo. Ele então me levou para o trabalho no Alfa Romeo e me deixou em frente à porta do bordel.

No trabalho, meu bom humor estava tão contagiante quanto sarampo. Ao lado das meninas, a gente se divertia muito. A patroa passou para desejar bom dia, nos trouxe algo para beber, guloseimas para comer e bateu papo conosco. Depois, eu enfiei meu vestido de programa e fui me sentar atrás da vitrine, aparecendo na porta de vez em quando.

Naquela tarde, dei duro até as cinco, cinco e meia. Fui comer alguma coisa na esquina e às seis e meia voltei para ralar. À noite, como peguei clientes bacanas e descomplicados, eu tinha faturado bastante dinheiro e pensei: "Tá bom por hoje, vamos ver amanhã". Retornei para casa, em um táxi que circulava vazio.

Quando cheguei, Wimpie ainda estava lá. Ele perguntou:

– Já tá de volta? Não é muito cedo? Ganhou bem? Mostre o que tem aí. Anda, manda pra cá a grana! Vou sair esta noite.

– Boa ideia – respondo eu. – Onde a gente vai? Eu me troco rapidinho.

– Que história é essa? Vou sozinho. Se quiser pode vir, mas vou levar você de volta pra esquina pra que continue rodando bolsinha. Preciso de grana pra sair de férias com meus parceiros.

Wimpie me lançou um olhar glacial.

– Por que você continua parada dessa maneira? Trate de se mexer! Vamos.

Ele ficou agressivo, me puxou pelos cabelos e descemos assim a escada até o Alfa Romeo. Ele rodou até a Oudezijds Voorburgwal e parou diante do bordel.

– Pra fora e ao trabalho!

Já era uma da madrugada. O sr. cafetão, impecável em seu terno Paco Rabanne, saiu queimando pneu e me deixando ali. Hettie caçava clientes atrás da vitrine, de gola alta e com suas longas luvas. Estava espantada.

– O que aconteceu? Seu cabelo tá todo arrepiado.

Eu olhei no espelho. Não era bonito de se ver. E, apesar de toda a minha tristeza, a gente se divertiu.

Ela perguntou:

– O que houve?

– Aquele cara pirado me puxou pelos cabelos na escada e me jogou dentro da caranga pra eu voltar a fazer programa.

Ela me deu algo para beber e eu retornei para casa.

Wimpie voltou ao amanhecer. A gente não trocou uma palavra. Eu não tinha mais vontade alguma. Como fugir daquele maluco?

O ESCRAVO DESOBEDIENTE
Martine, 2011

SÁBADO. MAL CHEGUEI E JÁ VEJO passar um loiro bonitão, na casa dos cinquenta. Fica diante da vitrine observando e registrando tudo. Eu abro a porta, oferecida:
– Olá, quer entrar?
– Vou dar mais uma caminhada. Depois eu volto.
– Tudo bem.
Não é a primeira vez que escuto aquilo. Enfim, vamos ver. Um pouco mais tarde, olho a rua da soleira da porta e, caramba, lá está vindo o loiro bonitão. Preciso dar um passo ao lado para deixá-lo passar. Ele avança para o interior.
– Olá, minha ama – diz ele.
– Sim, sou eu a sua ama. Primeiro tem que passar no caixa.
Ele tira a carteira. Lanço um olhar para dentro. Tem de sobra. Ele pega algumas notas.
– Tá bom assim, minha ama?
– Não, não tá. Ponha mais.
– Como quiser, minha ama.
Ele guarda a carteira e tira a camisa. Fica de calça e de sapatos.
– Minha ama, fui desobediente.
– Ah, é? E o que você fez?
– Não lavei a louça pra minha mulher, nem fiz as camas. Ela ficou zangada.
– Ela teve razão.
– Saí correndo pra vir ver minha ama.
– Bom, vou pegar o chicote pra você aprender a obedecer sua esposa. Pro canto, escravo. Virado pra parede.
Lhe dou uma chicotada atrás da outra, de leve no começo, depois um pouco mais forte. Também uns bons tapas.

– Obrigado, minha ama.
– De nada, sr. desobediente. E a partir de hoje você vai obedecer a sua mulher, entendeu?
– Vou me esforçar ao máximo, minha ama.
– Acho bom.

E dou mais chicotadas.
– Oh, como é bom, acho a senhora formidável, minha ama!
– Deite depressa no chão e tire pra fora da calça essa banana. Escravo mau.

Ele deitou no piso. Coloquei meu salto alto sobre sua cabeça, dizendo:
– E agora bata uma com força.

E fiz carinho nele com o chicote.
– Oh, como é gostoso, minha ama!

Coloquei uma coleira no seu pescoço.
– De joelhos, escravo. Olha pra mim quando tô falando, não baixe o rosto. Vai me ouvir, peste!

Circulo com ele pela peça, dando de vez em quando algumas chicotadas.
– Oh, como é gostoso – geme. – Quero mais, minha ama.
– Vou acabar com sua vontade de desobedecer sua esposa.
– E eu vou tentar ser bem obediente com minha mulherzinha. Muito obrigado por fazer isso tudo por mim.
– A ama não aguenta mais. Vamos, pegue seu pauzão e se masturbe!

Ele segura o pinto e lhe dou outra chibatada. Ele chega ao clímax. Está prestes a gozar, mas muda de ideia.
– Não, vou parar de me masturbar. Não quero gozar agora. Quero passar mais uma hora com minha ama.
– Como quiser, mas tem que abrir a mão.
– Tudo bem, minha ama.

O escravo se levanta, tira de novo a carteira e paga mais. Logo lhe dou uma saraivada de chicotadas. E a festa recomeça.

Meu lindo ianque
Louise, 1966

ERA FIM DE SEMANA E MEU LINDO IANQUE devia aparecer para se encontrar comigo. Davey estava acantonado na Alemanha, e os jovens ianques chegavam em massa ao bairro da Luz Vermelha. Uma festa popular estava armada na Nieuwmarkt, o que aumentava a animação no De Wallen. Fazia um lindo dia ensolarado de outono, as folhas começavam a cair. Eu dizia com meus botões: "Que venha meu ianque *honeybee*". Esperava com impaciência e estava nas nuvens. E por que não estaria?

Eu tinha saído de casa mais cedo do que o normal e já ganhara uns bons trocados, então tudo ia às mil maravilhas. A gente tinha combinado às quatro da tarde, em um bar na esquina da Nieuwendijk. O tempo voara. Eu esperava que minha irmã aparecesse antes do meu encontro com Davey. Tinha acabado de pensar nisso quando ela chegou, de carro.

– Oi, Lous, tudo bem?

– Sim, e como! Ainda mais hoje!

– Ah, entendi. Na certa o seu militar Davey vem ver você.

– Você, hein? Adivinha tudo. E você não quer passar um tempinho com a gente? Davey tá vindo com Mike, um bom amigo, um cara bacana. Ele é bem sexy.

– Tá querendo me levar pro mau caminho? Se apresse se não quiser chegar atrasada ao seu encontro romântico. Eu vou talvez na próxima. Diz pra eles que mandei um beijo.

– Bom, então vou nessa. Tchauzinho.

– Que horas você volta?

– Não sei ainda.

– Você tá muito sexy. Ficou ótima com essa saia apertada e esses saltos agulha.

– E o que acha da minha jaquetinha de couro?
– Você tá um estouro.
– Ele vai ter que cuidar com os estilhaços! Bom, enfim, agora vou mesmo. Meio que tô sentindo um friozinho na barriga hoje. Bye-bye, até a noite.

E então parti rumo a Nieuwendijk. Tinha a impressão de ter dezesseis anos e de ir a meu primeiro encontro. Minha cabeça nas nuvens me transportou em dez minutos para Davey. Saindo da ruazinha, eu o vi no bar, com seu amigo Mike. Entrei e estreitei Davey com muita força em meus braços. Ele não queria me largar, de tanto que estava contente de me rever.

– *Hello, my love, my everything. How's life, Lous?*
– *Uên ai si u, évrefing is ouráit in mai laifi, Davey.*
– *I'll give you all my love today.*
– *Mai sítin over ríer, OK?*
– *Okay, love.*

Subi no banco do bar, e Mike me convidou para beber. Pedi uma cerveja de baixo teor alcoólico. O ambiente estava excelente, com música boa. Elvis começou a cantar "Love Me Tender". Davey me levantou do banco e fomos para o paraíso juntos. Como estávamos bem!

Uma hora depois, nós três fomos fazer uma boquinha na Lange Niezel. Os rapazes adoravam os sanduíches holandeses, sobretudo aqueles mais típicos. Uma multidão alegre enchia as ruas. A gente estava com vontade de ir à festa popular e, por isso, partimos para a Nieuwmarkt.

– *What do you wanna do now?* – me perguntou Davey.

Respondi em meu inglês macarrônico:

– *Ai uanti in* os carros bate-bate.
– *Okay, let's do it.*

E fomos para os carros bate-bate. Mike também entrou em um. A gente se divertiu, e gritou, e berrou. Resumindo, morremos de rir. Depois arremessei bolas e brinquei de cabo de guerra. Eu ganhava prêmios o tempo todo. A gente comprou um grande algodão-doce, e cada um de nós surrupiava pequenos pedaços por vez. Os rapazes cumprimentavam outros ianques que também passavam horas agradáveis na companhia das moças do De Wallen. A festa popular tomava um contorno cada vez mais romântico para nós dois. Então, a gente dispensou Mike.

— *Have a nice time together*!

Fomos até o hotel de Davey, na Rokin. Ele pegou champanhe no frigobar, uma garrafinha para cada um, e a gente fez um brinde a nós dois, ao futuro.

Passamos uma noite maravilhosa, muito romântica. Davey estava cheio de amor para dar. Aquilo não podia ser melhor. Eu tirara a sorte grande. Davey começou a falar que queria me levar para os Estados Unidos quando terminasse de servir. Sua família tinha uma grande fazenda no Texas. Eu podia ir com ele, meus filhos também. Seus pais já sabiam que estava apaixonado por uma holandesa e não havia problema algum. Eu estava em um conto de fadas e sonhava muitas vezes com o Texas, mas ainda assim, por ser tão longe e do outro lado do oceano, aquilo me inquietava um pouco. Vamos ver, eu pensava. Quem viver, verá. Por enquanto, tudo estava no seu devido lugar.

— *What do you think about it, honey*?

— Sim, sim, Davey, *iti is naice drim for ãs*.

— *It will come true, my dear. I will love you always and forever.*

— *Yes, mai der. Iti is taime ai gow naw.*

— *I understand, Lous, I miss you already. Come on, I'll take you home.*

E a gente partiu, de braços dados, para o bairro da Luz Vermelha. Voltamos à Ouderzijds. Minha irmã estava do lado de fora e Davey a cumprimentou. Ainda batemos um pouco de papo, a seguir a gente se abraçou e se despediu. Até daqui a duas semanas. Nós duas demos tchauzinho pra ele abanando as mãos. Davey chegou à Ouderkerkplein e desapareceu. Minha irmã e eu então entramos.

— Como você demonstra que tá apaixonadinha, Lous. Completamente *in love*.

— Dá pra ver tanto assim?
— Quando você olha pra ele, seus olhos brilham.
— O que dá pra fazer? A vida é uma só. E ainda ganho pra fazer isso. Por acaso não é bom?
— Claro que é, Lous. Só os cães transam de graça.
— Tem razão. Aproveitei pra caramba hoje.
— Isso seria tão bom pra mim também de vez em quando.
— E o que impede você? O amigo de Davey ainda tá soltinho. Ia ser um cara perfeito pra você. Olhando bem, à primeira vista, ele tem tudo pra agradar você. Tá com medo de quê? Você passa um dia superbacana e ainda ganha pra isso.
— Quando eles vêm de novo?
— Daqui a duas semanas.
— Tá, combinado.

Tine havia tirado uma boa grana e a gente achava que estava de bom tamanho para aquele dia. Voltamos juntas para casa. Comemos algo, bebemos e nos divertimos pra valer repassando os acontecimentos do dia.

Durante seis meses, tive encontros regulares com Davey. Foi uma época bonita. Mike conheceu uma mulher na Alemanha, então aparecia cada vez menos. Quando começou a se aproximar o fim do prazo de serviço militar de Davey, conversamos muito sobre partir juntos para os Estados Unidos, para o Texas e para a fazenda. Em determinado momento, precisei tomar uma decisão.

Foi muito difícil para nós dois, mas eu não podia abandonar minha família assim e arrancar meus filhos do seu mundinho. Davey entendeu. Na despedida, trocamos palavras dilacerantes de carinho, e cada um partiu para seu lado. Nossa história de amor holando-americana ficou gravada em nossos corações. Guardaríamos essa recordação por toda a nossa vida.

Nunca fui aos Estados Unidos. Permaneceu um sonho. *And sometimes thinking: I want to be happy in America.*

O CHEIRADO
Martine, 2011

NUVENS CINZA-AZULADAS. O ar está cheirando a chuva. Coloco meu casaco, minha boina e saio. Caminho em um bom ritmo. Hoje, passo por Haarlem para ir a Amsterdã. Primeiro tomo o ônibus, depois o bonde. Em Haarlem, toda a cidade continua dormindo. Bebo um cappuccino e como um bolinho de amêndoas, na promoção. O café é bom. Me apresso para pegar o bonde. Uma moça me cumprimenta. Tínhamos nos conhecido ao longo de outras viagens e fomos nos sentar nos assentos dobráveis. Jogamos conversa fora. Ela disse que tinha dormido mal. Comigo isso não acontece mais, sempre durmo seis horas, é o suficiente para mim.
– Tente leite morno. Os remédios pra dormir não funcionam.
A gente chega a Amsterdã. Com frequência tem uma multidão circulando no fim de semana, o que torna o trabalho mais fácil. As pessoas são mais alegres e menos avarentas em relação aos gastos. Chego ao meu buraco. Atrás da porta, encontro um saco de lixo bem cheio, prestes a estourar. Eu o jogo na lixeira do prédio. Um cliente habitual entra naquele exato momento. Ele sempre vem nas primeiras horas da manhã de domingo, para não pagar estacionamento. Tira as roupas imediatamente e se atira na cama.
– Você vem se deitar do meu lado?
Eu obedeço e procuro dar a ele o meu melhor.
Mais tarde, um rapaz na porta pergunta quanto é. Eu respondo:
– Cinquenta euros.
– E o que dá pra fazer por esse preço?
– Um monte de coisas bacanas.
– Tá caro – ele diz.
– É melhor pagar caro do que ficar de mão abanando.

— Verdade. Dá pra ir por trás?
— Uma posição por trás? Nada contra.
— Não, não foi o que eu quis dizer.
— Então vá procurar em outro lugar. Até mais, meu caro.
Ele continua a me torrar a paciência.
— Deixa eu entrar aí.
— Tá, se pagar... Você conhece o preço e não tem barganha.
Ele entra e paga no mesmo minuto. Vejo que ainda tem grana de sobra.
— Coloque mais uma nota pra gente fazer mais coisas.
— Fazer o quê?
— Você vai ver, a gente tá sem pressa.
— Bom, tá certo, toma mais cinquenta euros.
É um belo rapaz de estatura mediana. Com personalidade. Muito peludo e com o corpo em forma. Faço minha investigaçãozinha para ver o que lhe agrada. Seu pênis tem tamanho médio e já está bem duro, mas ele começa a falar e seu pau amolece. Mesmo a este preço, é um maldito trabalho. De repente, ele começa a puxar meus grampos de cabelo.
— Pare com isso!
Mas o mal já está feito. Ele está outra vez todo molengão. Me explica que ainda não dormiu.
— Ralei a noite toda.
— Ah, é por isso. E também usou uma coisinha, não?
Ele cheirou, o que explica a situação.
— Vou tentar mais uma vez e depois acabou.
— Ah, é? Você já quer me pôr pra fora?
— Você sabe por que, não?
— Tá certo, eu não contei a verdade. Usei pó e bebi. Não tenho nada pra reclamar de você.
— Pelo menos nisso a gente concorda.
Abro a porta. Vejo chegar um cliente habitual.
— Só um minutinho, Henk, tenho que acompanhar alguém até a saída.

O doidão vai embora.
— Na próxima, eu vou estar limpo, sem álcool e sem pó.
— Acho bom, se não eu nem vou deixar você entrar.
Passo um café.
— Hum, que cheiro bom.
Henk aproveita. Sempre traz um CD de música boa. Henk dança bem, suas pernas são talhadas para o *quickstep*. De vez em quando piso nos pés dele. Isso nos faz rir e a gente continua dançando. Mais uma voltinha e para ele está de bom tamanho.
— Até a próxima, Marie!

TAL PAI, TAL FILHO
Louise, 1967

E CHEGA ENTÃO O FIM DE SEMANA.
– Você vem comigo buscar um bom café da manhã na Warmoesstraat?
– Preciso arrumar meu quarto, mas quem sabe você não vai à confeitaria do Van der Linde, na Nieuwendijk? Os bolinhos de amêndoa são deliciosos.
– Boa ideia. Eu vou pegar merengues.
E comecei a andar de salto alto rumo à Nieuwendijk. No caminho, vi todo aquele povo pelas ruas. O clima estava bom no bairro. Será que a gente ia tirar a sorte grande? Na Warmoesstraat, direção da Rokin, dei de cara com um conveniente cliente habitual.
– Oi, Marie!
– Ei, Rinus, tudo bem? Você vai aonde desse jeito?
– Estava indo ver você.
– Ótimo. Já volto, só vou comprar doces.
– Então até daqui a pouco na Oudezijds!
Na confeitaria, era preciso abrir caminho.
– É a vez de quem?
Sonolentos, nenhum dos fregueses dizia nada, então eu falei:
– É a minha. Me vê seis bolinhos de amêndoas e quatro merengues.
A moça embalou tudo, eu paguei e voltei correndo. Ao chegar na altura da ponte da Oudezijds, vi que minha irmã já estava diante da porta. Ela mexia os braços para avisar que eu me apressasse.
– O que é isso, Tine, cócegas ou coceira?
– Isso me daria muitas cócegas. Não, Rinus está esperando você. Ele disse que vocês se encontraram no caminho.

— É mesmo. Seus bolinhos de amêndoas, toma. E não coma tudo de uma vez só. Pense em sua diabetes.

Fui para dentro. Rinus estava sentado na cama.

— Foi bacana a gente esbarrar agora há pouco, hein, Rinus?

— Por falar nisso, não sabe o que aconteceu comigo... Vindo pra cá, passei pela parte arredondada da Oudekerksplein. Adivinha quem eu vi? Meu próprio pai, saindo de um cabaré, com um charuto enorme na mão. E a garota acompanhou ele até a saída.

— Que coisa incrível, Rinus. Mas você não tem por que se lamentar. Sem censuras?

— O mais inacreditável foi que meu pai disse:

"— Mas, meu rapaz, o que você tá fazendo por aqui?

"Eu respondi:

"— O que acha? A mesma coisa que você. Só que eu, eu vou me encontrar com a minha de sempre. Você sabe bem que eu não tenho ninguém. Aliás, eu não tenho vontade de ter uma mulher pra ficar me enchendo a cabeça com choradeiras. Então, tenho uma amiga no De Wallen. Agora, você, você tem a mamãe. E ama ela tanto que daria o céu pra ela.

"Ele falou:

"— Sim, meu rapaz, é verdade. Entre nós dois é amor eterno.

"— Ainda bem! — eu disse.

"Mas ele acrescentou:

"— Seu pai veio pra recarregar as baterias pra ficar tudo azul.

"E você, Marie, o que me diz disso?"

— O que eu digo? Que seu pai é grandinho o suficiente pra saber o que faz. Ele me parece ser um homem bom.

— Sim, isso é verdade, Marie.

— Bom, Rinus, já falamos muito do seu pai. O que você quer hoje, meu rapaz?

— Ralei muito esta semana, então não quero me cansar mais. Vou deixar com você. Uma massagem holandesa, isso cairia bem.

— Bem, deite.

Enquanto Rinus relaxava, peguei o leite hidratante.

– Olha a leiteira e o pote de leite.

E eu o lambuzava e o massageava.

Rinus estava em êxtase visível. Ainda aproveitou um pouco, relaxando, antes de dizer:

– Marie, foi realmente demais, como sempre. Tô indo.

Me deu um beijo e cruzou a porta, saltitando.

– Até a próxima, minha amiguinha!

1945 Na Gulden Winckelstraat, zona oeste de Amsterdã. Enfim podíamos usar as roupas que nossa mãe tinha guardado "para depois da guerra". O fotógrafo veio até nossa casa. Neste momento entendemos que a guerra realmente tinha acabado. (Fotos do caderno: arquivo pessoal)

1957 Nós, com quinze anos, em cima de um monte de feno, durante um dia no campo. Martine à esquerda, Louise à direita.

1957 Louise e Martine no centro de Amsterdã.

1959 O ateliê de abajur da família Van de Geer. Na época, ainda se costurava com agulha e linha. Louise, grávida do primeiro filho, está bem à esquerda.

1958 No cais da Amstelkade com os primeiros namorados. Louise à direita. "Quando a gente gosta de um rapaz..."

1958 Louise com um biquíni de confecção própria durante um passeio a Vinkeveen, perto de Amsterdã. Dividíamos uma barraca em quatro. Tínhamos jogado cara ou coroa para saber quem seria o primeiro a ir para a barraca. E, claro, Willem ganhou.

Nós duas ao lado da barraca. Jan no meio. Willem tirou a foto.

Martine espera sua vez de enfim entrar na barraca com Jan.

1959 Louise e Willem acabam de se casar. Estão diante da porta lateral da Prefeitura, na Oudezijds Voorburgwal, onde seu destino será selado. Eles se casaram com baixo orçamento, junto com outros dois casais. Por isso, não podiam utilizar a entrada principal.

1959 Amstelkade. Martine sozinha no quarto. Dezessete anos e abandonada por Louise, que acaba de se casar.

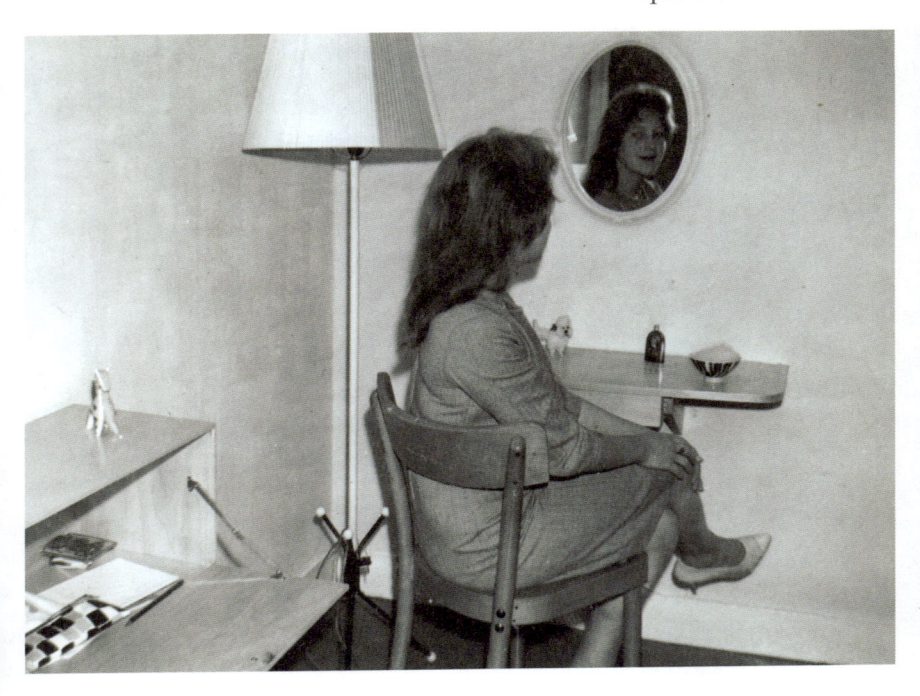

1959 Férias em Veneza. Martine e Jan foram até a Itália de lambreta.

1961 Já Martine teve condições de entrar pela porta principal da Prefeitura quando se casou com Jan.

1962 Martine e seu coque volumoso.

1962 Louise e seus pequenos na Ceintuurbaan. Grávida da terceira criança. Willem já tinha perdido a cabeça.

1965 Férias na Espanha. Louise com o primeiro Alfa Romeo, cor chocolate.

1965 A princesa Beatriz, disfarçada, visita o De Wallen e nosso bordel na Oudezijds Voorburgwal, de braços dados com a major Bosshardt.

1966 Cadaqués, Espanha. A lancha de Louise e Willem.

1969 Louise (à esquerda) acaba de se mudar para a Sloestraat, na zona sul de Amsterdã. Sua colega Hettie, aquela que trabalha de luvas, foi encontrá-las.

1963 a 1970 Fachada do primeiro bordel na Oudezijds Voorburgwal. A escada tipo de sótão nos fundos do estabelecimento e o quarto de programa com papel de parede florido.

1970 Louise vestida e prontinha no quarto do bordel da Katja, na Oude Nieuwstraat. O zíper abria por cima e por baixo. Muito prático.

1976 Com colegas na Oude Nieuwstraat. Louise está do lado de Marie, uma cafetina que era dona de um bordel na esquina da rua. Estamos usando casacos de pele e couro de Lex Daniëls.

1978 Mollie e Dollie em frente a Wijnkopershuis (Casa dos negociantes de vinho), na Koestraat, ao lado de seu próprio bordel. Martine na bicicleta.

1981 A elegância se faz presente para o casamento da filha mais velha de Martine. Louise está de preto, e Martine, de azul-celeste.

1982 Koestraat. Com Éliane, uma francesa que vivia e trabalhava em nosso bordel. Uma moça gentil, correta. Ela namorava um antilhano que foi assassinado. Então ela voltou para a França.

1985 Louise com um conjunto de napa ao lado de Pina, a dominatrix, dona de um prostíbulo na Oudezijds Achterburgwal.

1986 Koestraat. Jopie, safadinho, está sentado no colo de Martine, que segura o pinto dele.

1988 Inauguração do bistrô As Duas Taurinas, na esquina da Koestraat e da Kloveniersburgwal, com a presença da família, dos amigos e do realejo t'Hummeltje [O menino]. Na foto ao lado, à direita, Martine dança com seu vizinho preferido, Alexander Pola, um artista holandês bem conhecido na época.

1990 Diante da vitrine da Koestraat com a vizinha Noushka, pouco antes da venda do bordel. No quadro atrás da vitrine pode-se ler: "A qualidade é a nossa publicidade".

2010 Nas dunas cobertas de neve de IJmuiden, durante a rodagem do documentário *Meet the Fokkens*. (Foto: imagem do filme)

2011 Sala de estar em IJmuiden, com um quadro de Louise representando a visita real.

A HISTÓRIA DE FLORIS

Louise: *Conheci Floris nos anos 60, na época da Oudezijds Voorburgwal e ainda me encontro com ele com frequência. Tornou-se um verdadeiro amigo.*

EU JÁ IA A AMSTERDÃ COM QUINZE ANOS. Era bacana caminhar pelo De Wallen. A gente sempre via famílias inteiras com seus filhos, além de estrangeiros passeando. Era único no mundo: mulheres em plena luz do dia atrás das vitrines. Aquilo existia também na Alemanha, mas lá as ruas eram fechadas por paliçadas, para que nada fosse visto de fora. E era reservado aos maiores de dezoito anos. O bairro da Luz Vermelha era uma atração turística. Não havia problema de segurança. Mais tarde, no meu trabalho, colegas ingleses diziam para mim que Amsterdã era a cidade mais agradável do mundo, graças a sua atmosfera descontraída. Durante décadas, o De Wallen permaneceu um bairro simpático e muito animado.

Eu estava na casa dos cinquenta quando fui ameaçado por um grupo de trinta marroquinos, com idades entre doze e vinte anos. Como eu não tinha medo e ameaçava estrangular alguns deles, só recebi um soco nas costas. Esse episódio aconteceu na Koggestraat, enquanto eu caminhava da Singel à Spuistraat. Porém hoje, do jeito que a coisa anda, você pode levar uma facada nas costas ou ser apagado.

Quando eu era jovem, dei de cara com meu pai no De Wallen. Ele fumava um charuto e passava horas agradáveis com damas gentis. Antigamente, eu ia visitar muitas vezes a mesma garota de programa, mas, desde meu encontro com a gangue dos marroquinos, tive cada vez menos vontade de ir a Amsterdã. Agora que tenho setenta e em vista da situação atual do De Wallen, com putas à base de pó e a praga do Bloco do Leste, esse bairro tão simpático nos tempos idos já não me atrai mais.

Em Amsterdã, me contento com um passeio de barco.

Um parto no De Wallen
Louise, 1964

Minha colega Ellie estava esperando uma criança de seu companheiro, Émile. Nos quatro primeiros meses, não se via muita coisa, mas ela começou a ficar redonda no quinto. Aquilo então começou a chamar a atenção. Os meses seguintes foram difíceis. Ela vivia no andar de cima do bordel, em um quarto dos fundos. O tempo passava voando. No oitavo mês, ela quase não conseguia mais trabalhar, mas não tinha outro meio de ganhar a vida. Seu namorado Émile vinha com frequência ao De Wallen. Ele ainda morava com a mãe, no Rivierenbuurt, um bairro mais chique da zona sul de Amsterdã. Sua família não devia saber que a garota dele estava grávida, então ele agia como se nada tivesse acontecido. Era covarde, hein? E olha que ele se achava um homem de bem, acima da ralé!

Dava para ver que Ellie estava no último mês de gestação. Era final de janeiro. O inverno era rigoroso e nós duas caçávamos clientes do lado de fora. Se eu mal aguentava, para ela tinha se tornado insuportável. Como partia o coração vê-la daquele jeito lá fora, prestes a dar à luz. Eu a observava. Estava à esquerda, na esquina, e parecia doente. Ela me disse:

— Não tô me sentindo bem, Lous.

— É, tô vendo.

— Vou voltar rapidinho lá pra cima. Você ainda vai ficar muito tempo esta tarde?

— Acho que vou.

— Se o bebê chegar, tem como você me acompanhar ao hospital Wilhelmina Gasthuis?

— Claro, Ellie. E vou ficar durante o parto.

— Você é uma querida mesmo.

— Pra mim é normal, você é minha maninha.

Como que desconfiava de que havia o risco de aquilo acontecer aquela noite, por isso dei uma bela organizada no meu quarto, para estar pronto. Ainda recebi alguns clientes habituais, em seguida achei que já estava de bom tamanho. Subi para ver Ellie, a fim de tomar a temperatura. Ela tinha preparado a bolsa, e as contrações já haviam começado.

– Vamos, Ellie, temos que ir.

E logo estávamos no carro em direção ao hospital. Já era mais de meia-noite. Ellie preencheu um formulário, e tivemos que esperar na entrada. Depois a chamaram e lhe deram uma cama. Ela se viu em uma sala abarrotada de outras mulheres, separadas por uma cortina.

O médico perguntou:

– Seu marido não está aqui? Vai chegar ou precisamos chamar?

– Não – respondeu Ellie. – O sr. Orgel não virá.

Pensei: "Tomara que a criança nasça hoje. Assim tudo vai ficar bem." Fui aguardar no corredor. Era proibido ficar na sala. Você entende, eu poderia ter visto mulheres nuas! Na época, apenas o marido ou os familiares próximos podiam acompanhar o parto, mas Ellie não tinha ninguém. Émile, o sr. não sei de nada, brilhou por sua ausência. Eu estava com os nervos à flor da pele. Quanto tempo aquilo duraria? De repente, ouvi um bebê chorar. Ele já tinha voz. Finalmente o médico veio me buscar.

– Ellie, parabéns pelo...

– Obrigada, Lous. Tenho um filho e ele é perfeito.

A enfermeira me estendeu o bebê e me felicitou pelo nascimento do filho da minha amiga, como é comum na Holanda. Que bebê lindo! Tinha cabelos pretos, espessos e encaracolados.

– Que nome escolheu?

– Vou chamar ele de Lonny Orgel.

– Bacana, é um nome norte-americano.

O fruto fora colhido. Ao fim de uma semana, Ellie voltou para a Oudezijds Voorburgwal, com o bebê. Mas era proibido cuidar das crianças de pouca idade mais de seis semanas em um bordel, do contrário o Conselho Tutelar ficava na cola. No início, tudo ia às mil maravilhas, mas a sexta semana já tinha começado. E agora? Ela devia encontrar uma família para cuidar de Lonny e isso era mais difícil do que imaginava. Depois de muita hesitação, acabou achando uma família em Nigtevecht. Era formidável, já que meus três filhos também estavam lá, um lugar bonito e calmo, às margens do Vecht.

O pequeno Lonny comia bem e crescia com rapidez, mas Ellie caiu de cama. Ela não conseguia melhorar. Quando chegou o dia de entregar o pequeno à família que cuidaria dele, por um período indeterminado, Ellie infelizmente não teve condições de se fazer presente. Estava tão mal que não conseguia mais se manter de pé. Então eu levei Lonny a Nigtevecht, com Wimpie e Émile, o pai. Como era difícil e triste! Ainda mais porque Ellie não podia fazer aquilo pessoalmente. E Émile não se atrevia a assumir nenhuma responsabilidade em relação ao filho, devido a suas "afetadas" origens.

Em Nigtevecht, o bebê foi recebido de braços abertos pela nova família. O próprio Émile carregou o filho para a casa. Parecia que o vilarejo inteiro fora ver o novo rebento do bairro da Luz Vermelha. Era um acontecimento! A família recebera a criança de uma mulher da vida. "Não tive vantagem alguma", deve ter pensado a nova mãe adotiva.

Durante um longo período, tudo transcorreu bem. A gente ia ver Lonny com regularidade, mas depois de certo momento a mãe adotiva começou a se comportar de maneira estranha. Pelas costas de Ellie, entrara em contato com o Conselho Tutelar e queria ter a guarda exclusiva de Lonny, além de dar seu sobrenome a ele. Um belo dia, passou a estar fora de cogitação que Ellie lhe enviasse a pensão alimentícia. Ela se recusava a aceitar o dinheiro. Quando íamos ver Lonny, pairava como que um mal-estar. A gente não entendia nada daquilo. A senhora não suportava mais nossas visitas.

Acabamos descobrindo o mistério. A família não tinha perdido tempo. Sem comunicar nada a ninguém, entraram em acordo com o Conselho Tutelar para que o Estado lhe enviasse um valor mensal e os salários-família para Lonny. Isso rendia mais dinheiro do que Ellie podia desembolsar. Eles iam sempre um pouco mais longe. As visitas a Lonny eram cada vez piores e a situação se tornava insuportável. O Conselho Tutelar aconselhou que eles fossem com o maior intervalo possível. A mulher ganhou. Aquela besta quadrada ficou cada vez mais biruta. Eu soube mais tarde, por fonte segura que conhecia bem a família, que aquela mulher ficava entusiasmada por ter o filho de uma puta. Se exibia com ele.

Foi o início de um período assustador para minha amiga. Ela imaginava ter entregue sua criança de maneira temporária e queria construir uma nova vida. Fazia economias para comprar sua própria casa e viver com o filho. Tinha um grande coração de mãe. Não tivera sorte na juventude e passara por períodos de tempo fechado.

Tudo aquilo deixara uma cicatriz em sua alma. Ela sofreu muito nos anos seguintes. Não era pouca coisa não. Não desejamos a ninguém que passe por aquilo. Felizmente, hoje ela tem um bom convívio com Lonny, mas é perceptível que a mãe adotiva encheu a cabeça dele de minhocas. É inaceitável o que ela contou a ele.

Lonny teve uma infância solitária. Foi impedido de brincar com as crianças de outras famílias adotivas de Nigtevecht, porque eram "crianças más". Lonny nunca soube o que se passava. A língua de cobra lhe contou um bocado de mentiras, e tudo isso para colocar as mãos em mais dinheiro. Ela dizia que na Villa aan de Vecht, onde cresceu o meu mais velho em um lar caloroso, só havia gente malvada e filhos de prostitutas. Certas pessoas descem tão baixo! E olha que na casa dela as facas voavam por cima da mesa e seu marido estava longe de ser carinhoso. Aliás, eles se divorciaram mais tarde. Ela tirava sarro, alardeava, tinha "salvo" a criança de uma puta. Ela não desistia dessa ideia. Que mente distorcida, não é? O Conselho Tutelar fizera as coisas direitinho... E como!

Lonny teve uma boa educação: trabalha na companhia KLM e voa aos quatro cantos do mundo. Continua vendo sua mãe adotiva e vai com frequência à casa de Ellie, sua mãe de verdade. Porém, uma conversa sincera sobre tudo isso, sobre o que ela sentiu quando lhe deram esse golpe baixo, ela bem que tentou mas nunca conseguiu. Não é justo ter que carregar esse fardo pela vida inteira como mãe. Então a gente pega uma garrafa e bebe um copo, porque isso ajuda a manter o moral.

É assim, uma vez puta, sempre puta. As putas, como eles pensam, não têm sentimentos, não sentem dor. A gente pode continuar a dar pontapés nelas, não tem importância. Não passam de putas e não contam, não têm direito algum.

Minha irmã gêmea e eu vamos visitar com frequência Ellie e sua irmã. Ou nos falamos por telefone. Aliás, está mais do que na hora de a gente se reencontrar, dar umas boas risadas como antigamente, relembrar os velhos tempos e falar bobagens.

Tem que prestar queixa!
Martine, 2010

CEDO DA MANHÃ. Estou sozinha no bordel, quando um desconhecido para diante da vitrine. Faz um gesto: quanto? "Cinquenta", digo eu. Ele entra e vamos para o quarto dos fundos. Falo com toda a calma:
— Pode me pagar?
Ele responde:
— Lógico que não.
E logo me dá uma chave de pescoço.
— Eu vou matar você!
Ele me dá um soco no queixo e avisa:
— Eu vou apagar você.
Meu cérebro se turva. Fico atordoada. De repente volto à realidade e começo a gritar. Ele aperta meu pescoço, mas eu baixo o queixo contra o peito e me deixo cair. O sujeito é forte, mas eu imponho resistência. Cada vez mais baixa. Tento permanecer consciente. Sinto que vou perder os sentidos. Não perca os sentidos!

Mexo os braços para buscar um ponto de apoio. Agarro uma cadeira para poder ter mais força. Tento dar joelhadas nas suas bolas. Urro como um porco que está sendo estrangulado, tão forte que, felizmente, atrai uma aglomeração. Ele foge em desabalada, e eu corro até a rua gritando para as pessoas deterem-no.

E assim ficamos, sem nenhum apoio, sem nada, pois as pessoas não entendem. Ninguém a quem contar suas desgraças. A polícia me diz:
— Tem que prestar queixa.
Jura? Há câmeras espalhadas pelo bairro, mas servem para quê? Eles pensam na certa: "Será uma a menos". Eles não

percebem. Você está sozinha. As outras garotas também não ajudam. Não é como antes, quando todas se uniam para agarrar um tipinho desses. Está delirando? Elas também pensam: "Depois dessa, vai pular fora".

Às vezes a gente tem menos cautela, mas quando se trata de um desconhecido é preciso estar o tempo todo alerta. Sempre se perguntar: "O que ele está querendo?".

Certa vez, me deparei com um doido varrido assim. Ele continuava de casaco. Achei aquilo estranho, por isso me mantive um pouco a distância. Disse:

– Tire isso.

Sempre verifico se não trazem nada consigo, uma faca ou um revólver.

Ele tirou o casaco e tomei o maior susto da minha vida. Suas costas estavam cobertas de tatuagens. Fiquei me perguntando: "O que esse cara quer?". Mantinha as mãos nos bolsos e não retirava as calças. Então, falei:

– Não, não vai rolar entre a gente. Toma, pega sua grana de volta.

E ele foi embora. Muito envergonhado. Eu fiquei feliz por ele ter saído. Não vale a pena correr tantos riscos por dinheiro.

Josef e Marie fazem os sinos badalarem
Louise, 1965

E POR QUE NÃO CONTARIA? A verdade é difícil de engolir, não é? Pois bem, eu faço melhor a digestão quando a conto...

Era outono e as folhas começavam a cair. Eu rodava a bolsinha, apoiada na soleira da porta. Era uma tarde de sábado e os sinos da igreja Oude Kerk badalavam magnificamente. Um padre passou usando uma bela batina marrom e sandálias. Cinco minutos depois, o vi voltar e ele se esgueirou para dentro, roçando em mim. Perguntou:

– Ei, Maria, está livre? Posso entrar?

Eu disse com meus botões: "Só me faltava essa. Na certa, ainda por cima, eu vou ter que me confessar".

– Hein, Maria, Marie, por favor?

– Tá bom, padre, se o senhor me der cem florins.

– Mas é claro – respondeu o padre Josef.

– Então tá, Josef, venha com Marie para o quarto de programa.

Deixei o padre à vontade e ele perguntou:

– Marie, quer me ajudar a fazer badalar minhas sinetas?

– Sem problema. Elas fazem um bom som?

Josef agarrou suas sinetas e seu aspersório. Eu estava de boca aberta. Ele realmente precisava usar as duas mãos para segurar tudo.

– Uau, você foi abençoado. O que você quer fazer?

– Bom, Marie, gostaria que a gente ficasse de pé.

– Como quiser, Josef. Vem cá, vamos pra trás da porta.

– Certo.

Eu cuidei das sinetas de Josef e elas badalavam com toda força. Em seguida ele começou a gritar:

– Marie! Marie!
– O que foi?
– Precisamos cantar Ave-Maria juntos.
E entoou a canção a plenos pulmões, bradando:
– Marie, cante comigo!
Enquanto Josef berrava, suas sinetas o acompanhavam, badalando, e ele exclamou:
– Ó, Virgem Maria!
E gozou.

Mais tarde, bebendo um bom café, o padre Josef me contou que era o primogênito de uma família da cidade de Brabant e que, para a família, era uma honra que esse filho se tornasse padre. De fato, como ele me disse, aquela não era sua ideia: mais ou menos o obrigaram a entrar em um monastério. O padre Josef havia se apaixonado por uma moça e nunca a esquecera.

Que privação de liberdade! E com abstinência, para completar! Não era pouca coisa não. Estou falando de um prazer de ir para a cama espiritualmente com Maria. É desumano. Não admira que as igrejas estejam vazias. Já passa da hora de o Vaticano rever as relações homem-mulher nos monastérios e fora deles. As relações homem-homem e as mulher-mulher também podem propagar a fé e com honra.

É PROIBIDO!
Martine, 2011

— Não, senhora, eu não tenho o direito de gozar.

É sempre assim: eu o levo a dois passos do paraíso, mas ele então começa a gritar.

— Não, senhora, eu não tenho o direito de gozar. Eu não tenho o direito.

Ele é pudico e fica todo vestido na cama. E, enquanto eu me esforço para lhe esfregar a braguilha, ele solta o berro mais e mais alto:

— Não, é proibido gozar!

Então eu desisto e ele vai embora. É um holandês normal, com boa saúde, e que vem com bastante regularidade. Um belo dia, fiquei por aqui com aquela situação.

— Por que você repete isso o tempo todo, que não pode gozar?

— Ora, porque eu sou crente.

— E daí? Isso é razão? Eu também sou devota e tenho o direito. Loucura, né? Uma enorme diferença.

— Pra minha religião, é um pecado. Por isso que eu tenho medo de gozar.

— Na certa faria bem pra você finalmente gozar. Eu não saquei antes, você devia ter explicado pra mim. Eu vou dar uma mãozinha pra você. Deite e tire as roupas.

Ele se despiu, muito tímido. Depois de seis anos, eu enfim o vi nu. Tinha um corpo bonito. Tudo no lugar. Estava tremendo como vara verde.

— O que foi agora?

— Me dá medo.

— Você não tem que ter medo. Você é um rapaz bonito que tá na flor da idade, garotão.

— Ah, é?

— É, sim.

Estava cheia daquelas choradeiras sem fim. Agarrei o seu pau e fiz carícias nele.

— Oh, senhora, como é gostoso. Eu não tô aguentando mais. Tenho o direito de gozar?

— Sim e, se você não gozar agora, não sei mais o que fazer depois de todos esses anos.

Ele goza enfim. E o céu não cai sobre sua cabeça. Ele me olha, aliviado.

— Oh, senhora, é uma delícia gozar. A senhora é mesmo gentil. Muito obrigado.

Marie e o rabino
Louise, 1966

NAQUELA TARDE, EU COMEÇARA depois do horário habitual. E sem demora, por sorte, bingo! Aquilo com certeza me traria sorte. Olhei para fora: homens era o que não faltava, então bati no vidro. Vi um rabino passar no meio de um grupo. Usava um belo chapéu preto, peiot de cada lado do rosto e um terno incrível. Ele se afastou do grupo e entrou.
– Olá, a senhorita está livre?
– Sim. Entre, vamos pro quarto.
O rabino tirou o chapéu. Por baixo, trazia um quipá, mas o guardou. Ele pendurou com cuidado suas roupas no cabide. Também guardou sua camisa especial de algodão. Eu disse para ele:
– Vai ser como o senhor quiser, rabino, isso não me incomoda.
O rabino pagou e fomos nos deitar na cama. Ele se acalmou e em seguida murmurou uma oração em voz baixa. Peguei um preservativo, coloquei nele e comecei a diversão. Não era tamanho P, o brincalhão. Ele fechou um bom negócio e transou durante muito tempo.
Em certo momento, eu disse:
– Ande, rabino, vem cá se deitar quietinho. Marie vai cuidar de você.
Estávamos carinhosamente abraçados e o fiz gozar com massagens. Feliz e satisfeito, ele se levantou da cama e se refrescou um pouco. Se vestiu e a gente bebeu uma xícara de café.
– Obrigado, Marie, aproveitei bastante ao seu lado.
– Eu também.
E ele foi embora. Provavelmente levado pela emoção, esquecera o chapéu. E eu corri atrás dele, pelo canal, gritando:

– Rabino! Rabino!
Felizmente, ele ainda estava na Voorburgwal.
– Oh, que sorte, não posso chegar em casa sem o chapéu.
Ele deu um beijo no chapéu e o colocou na cabeça.
– Obrigado, Marie.
O rabino desapareceu na multidão dos homens. E toda aquela história no dia do Sabá!
– Que a paz esteja com o senhor, rabino.

INCÊNDIO NO BORDEL
Louise, 1967

NAQUELE DOMINGO FAZIA FRIO e o vento soprava com violência. Uma verdadeira tempestade de fevereiro. Eu começara de manhãzinha e já havia recebido um bom número de clientes dominicais e bacanas. De tarde, apareceu Pim, um habitué que desejava ficar bastante tempo.

Nesse intervalo, Hettie, que morava no andar de cima do bordel, me perguntou se eu poderia olhar de vez em quando seu pequeno, pois ela sairia para comer algo com sua irmã durante algumas horas. Era sua primeira saída desde o parto. Ela me deu a chave, dizendo:

– Até mais, Lous. Não vou demorar.

Voltei para ver meu cliente. Pim estava curtindo bastante. Quando estava prestes a gozar, ouvimos uma terrível algazarra. Saí do quarto, correndo.

– O que tá acontecendo, Leen?

Ela tinha uma bacia cheia d'água nas mãos. Ouvi do alto uma mulher que berrava e não parava de subir e descer as escadas.

– Me dá a chave do quarto de Hettie – gritou Leen para mim. – É um incêndio!

– Ligue agora mesmo pros bombeiros, não é com uma bacia que você vai apagar o fogo.

Tomei o maior susto da minha vida. Pimmetje e eu nos vestimos às pressas. Retiramos uma coberta azul da cama, a molhamos o máximo possível e corremos para cima. O quarto de Hettie ficava no último andar, nos fundos. Era preciso tomar uma decisão rápida. Pimmetje se tapou com a coberta molhada e eu lhe estendi a mão, para puder puxá-lo em caso de necessidade. Disse para ele:

– O berço tá no lado direito, na entrada do quarto.
Pimmetje escancarou a porta. A fumaça e o calor nos sufocaram. O medo que sentimos! Era realmente estranho. As chamas corriam para os fundos, para as janelas, e estava escuro como em um forno. Não arrefecemos. Eu só pensava na criança. Devíamos tirá-la dali viva e acreditávamos de verdade que conseguiríamos. Pimmetje avançou, tateando. Fizemos várias tentativas, mas ele não conseguia achar o berço. Eu gritava:
– Pegue! Vamos logo! Pegue a criança. É por ali.
No entanto, a gente precisou desistir e correu rumo à escada, para não pôr em risco nossas próprias vidas.

No primeiro andar, entrei na sala de estar para ligar para os bombeiros. Ninguém tinha ligado. Incompreensível. Depois, recebi um telefonema da minha irmã gêmea, por acaso. Quando ela entendeu o que estava se passando, ligou outra vez para os bombeiros.

No momento de sair, ouvi o latido dos cachorros. Imaginei: "Céus! Os dois estão trancados". Do pátio interno, olhei para cima. As chamas saíam do teto e também já lambiam em certas partes os andares de baixo. Assumi o risco. Corri para o grande corredor, peguei os dois cachorros e desci com eles. Coloquei ambos dentro do meu carro. Pelos menos eles estavam a salvo.

Uma aglomeração se formara diante da porta de baixo. Fui para o meu quarto. Pimmetje me aguardava.
– Como você está?
– Nada bem. E você, Lous?
– Também. Muito mal. É inacreditável!
Pim me enlaçou em seus braços para tentar me consolar.
– E quando Hettie voltar, já pensou?
Era um lindo bebê, loiro e saudável. Todas as garotas, o patrão e a patroa eram loucos por aquele toco de gente. Hettie o chamava de esportista porque tinha os ombros largos. Ela estava tão orgulhosa dele. Todo mundo se preocupava com aquele nenê. Minha irmã e eu tínhamos dado um berço que nossa mãe

enfeitara de novo, e todos se viravam para lhe arranjar roupas. Hettie tinha feito programa por muito tempo, mas não até o fim dos nove meses. Ela pôde continuar morando no bordel. O patrão e patroa fizeram o que podiam.

– Sim, Pim, o bebê era muito querido.
– Eu sei, Lous.

Nesse meio-tempo, os bombeiros chegaram. Em seguida a polícia e as ambulâncias. Tivemos que contar nossa história e depois fomos postos para fora, sem qualquer delicadeza. Ótimo tratamento para as vítimas! Desesperada, juntei apenas o necessário na mochila e saí, com Pimmetje. Estávamos perdidos no meio da multidão. Todo mundo se perguntava como tinha sido possível que aquilo acontecesse. Todos os cenários possíveis e imagináveis foram passados em revista.

– Alguém subiu esta tarde.
– Aconteceu alguma coisa naquela hora?
– Ninguém sabe.
– O que os bombeiros dizem?
– Que uma rajada de vento derrubou o aquecedor.
– Isso seria bem possível.
– Sim, seria uma explicação lógica.

O bairro todo estava de pernas para o ar. Pimmetje disse:
– Não aguento mais, Lous. Vou voltar pra casa.
– Entendo, Pim, volte mesmo.
– Semana que vem, vou passar pra saber como estão todos. Força, minha pequena.

Pim me abraçou antes de partir. Eu estava ali com o desastre a minha volta e me perguntava: "Mas onde Hettie se meteu?".

Até que escutei um berro terrível e soluços. Hettie acabava de chegar com a irmã e ambas souberam da notícia. Os bombeiros continuavam apagando o incêndio. O GGS, serviço de saúde pública da cidade, cuidava delas em baixo, no bordel. Ouvi dizer que a irmã de Hettie desmaiara. Ao fim de um longo período, foi disparada a sirene indicando que o incêndio estava controlado.

Os cães correram para seu dono e eu dei partida no carro. Rodei para casa com os nervos em frangalhos e desesperada.

No dia seguinte, ninguém trabalhou no prostíbulo.

Hettie seguira a irmã, e sua família cuidou bem dela. A gente passou semanas de vazio e de dúvida. Estávamos anestesiadas, mas nos sentíamos muito unidas. Hettie nunca estava sozinha, sempre cercada de quatro mulheres. Era preciso providenciar tudo para o enterro do pequeno. O pai apareceu quando acompanhamos seu filho à última morada. Era realmente triste.

Hettie morou por um bom período na casa de uma amiga na Geldersekade, e íamos vê-la com regularidade. Ela nunca mais trabalhou. Algum tempo depois, lhe concederam um lugar na zona leste e ela foi viver lá com seus outros dois filhos. Anos mais tarde, teve uma filha, o que a deixou muito feliz. Hettie tinha um grande coração de mãe e uma boa dose de humor. Não parava de sorrir e de se divertir, apesar de tudo. Essa grande energia era sua força.

A EXAUSTÃO
Martine, 2011

HOJE ESTÁ FAZENDO FRIO. Um tempo ideal para se cobrir de roupas bem quentes. Quando colocamos o nariz para fora, a gente sente calafrios por todo corpo. Coloco meu impermeável de vinil e espero em minha cadeira. Toco o vidro com o dedo e abro a porta logo em seguida. Digo a um homem que passa:
– Ei, ande, venha!
Ele começa a rir e entra. Em geral, é o que se chama um bom começo. Ele pergunta:
– O que vamos fazer?
– Tem algum palpite?
Acrescento com prudência:
– Pode me pagar? Assim, não tem como você fugir.
– Sim, claro.
Ele pega a carteira com um gesto teatral de mão e me paga majestosamente.
– Por este valor, você pode brincar por uma hora.
– Tá bom. Vem cá, você tem cerveja?
– Claro.
De fato, tinha por acaso cerveja na geladeira.
– Qual é o seu nome?
– Eu sou a Dollie.
– Bem, Dollie, me sirva um copo.
Ele diz que se chama Kareltje e senta na cama, todo vestido. Faço carinho em sua coxa, mas ele repele a mão, com delicadeza. Kareltje está com vontade de papear.
– Vou pagar por uma hora a mais.
– Sem problema, Kareltje.

A gente ainda não tinha feito nada.
– Acho você muito bacana e adoro jogar conversa fora.
Kareltje fala de seu trabalho, de como está sobrecarregado. Sente necessidade de vez em quando de fugir para os braços de uma mulher com quem não tenha qualquer obrigação, para tomar um pouco de ar.
– Ei, Dol, você levantou outra vez minha moral. Tá bom assim. Vou voltar pro trabalho.
– Não tá mais a fim de transar?
Ele balança a cabeça.
– Sua companhia é suficiente.
É assim: certos homens não querem sexo, porque estão cansados e fartos de tudo. Às vezes a pressão é muito grande. Nestes casos, basta que alguém os escute.

Ultimamente, até eu andava cansada. Certo dia, eu fazia uma massagem em Jan, um cliente habitual. Olho para ele, que parece dormir. Continuo com delicadeza a massagem e vejo que ele está se sentindo bem. É como um jogo silencioso. Ele está deitado, à vontade. De repente, me ocorre uma ideia: "Também vou fechar os olhos um pouquinho". E me deito ao lado dele. De repente, ele me dá tapinhas para me acordar. Onde estou? Ah, sim, no quarto de programa. Isso arranca risadas dele e de mim também. Passo de novo à ação.

Jan me diz:
– Eu quero ficar deitado e que você me masturbe.
– Combinado – digo eu.
E penso: "Isso é fácil". Mas dá mais trabalho do que eu imaginava. Acabo conseguindo e Jan fica muito contente. A gente bebe um café juntos.
– Vou dar uma volta pela cidade. Adoro passar pela praça Dam também, com todas aquelas estátuas vivas.
– Que bom, Jan, você vai se divertir.

MÃES QUE TRABALHAM
Louise, 1971

TINE E EU MORÁVAMOS AGORA uma em cima da outra na Sloestraat, na zona sul de Amsterdã, a região dos burgueses, bem pertinho de nossos pais, que moravam na Amstelkade. Meus filhos não estavam mais com a família adotiva. A situação não podia estar melhor. Naquela manhãzinha, a gente tinha feito compras na Ferdinand Bolstraat e na Scheldestraat para o jantar. Antes de sair para o trabalho, colocamos as batatas descascadas e os legumes em grandes panelas sobre o fogão a gás. Naquele dia, papai e mamãe estavam cuidando de todas as crianças. Sobrou tempo também para tomar um café na casa deles. Com bolo.

Depois de ficar bem satisfeitas, partimos para trabalhar na Oudezijds. Ao chegar, a gente estava com as bochechas vermelhas e com a corda toda. Dois clientes habituais já nos esperavam.

– Olá, meninas, aproveitaram bastante o sol?

– Ah, sim, o da lâmpada, você quer dizer. Bom, meninos, vocês vão entrar ou o quê?

Comecei por Rob, que viera para uma hora. Ele tinha orgulho do corpo atlético, que queria sempre exibir. Posava como um fisiculturista em todas as posições. Eu era a sua plateia e devia confirmar como ele era bonito, malhado e lindo de olhar. Aquilo o excitava loucamente.

No auge, ele se masturbou olhando-se no espelho. E também eu precisava olhar. Rob tinha um ego grande como a lua, mas aquilo não fazia mal a ninguém. Era um cara bacana e um cliente fiel.

Eu colocava outra vez o quarto em ordem quando Martine chegou.

– Que bom que você tá aqui, Lous. Vou fazer um café pra gente conversar um pouco. Ei, você ficou ocupada por um tempão.
– Você também. Sua porta não parou de abrir e fechar.
– É, ainda bem. Não vim pra cá pra ficar de braços cruzados. A vida não dá nada de graça.
– Isso com certeza. Ainda mais quando as pessoas distintas sabem que a gente se prostitui, daí querem nos fazer pagar sempre mais do que as outras.
– Elas imaginam que a gente encontra dinheiro na sarjeta. Esquecem que ganhamos a grana abrindo as pernas.
– E se por acaso a gente não tem dinheiro pra dar ou emprestar, ficam furiosas. E se acham superiores! Especialmente as mulheres são assim, você já notou?
– Claro. Toma, Lous, um chocolate pra trazer sorte.
– Sempre vem bem, Tine.
– Vou dar outra espiadinha, vai que tá passando algum cliente generoso? Ai, tô vendo Joris. Tomara que ele venha depressa, assim posso agarrar ele.

E, sim, o maratonista olímpico já estava ali. Joris e Tine desapareceram no quarto de programa e eu consegui fisgar Dick para uma rapidinha. Aquilo estava de bom tamanho para o nosso dia. Um delicioso pratinho quente nos esperava.

Em casa, o rango estava pronto. As crianças já tinham comido. Duas jogavam cartas com meu pai, as outras assistiam à tevê ou brincavam na rua. Nos sentamos à mesa na cozinha e mamãe nos serviu. A gente quase acabara a refeição quando a campainha soou com força. Ouvi uma criança chorar, soluçando alto. Era minha filha mais velha. E como berrava! Ela disse:

– Aquela mulher me bateu.

E lá fomos todas nós em disparada pela escada, nossa mãe na frente.

Ela se atracou na hora com a sirigaita.

– O que você tá pensando, vagabunda? Velha empregadinha recalcada, puta de luxo. Você tem algum motivo pra censurar alguém? Covarde! Como se atreve a bater na minha neta? Deixa as crianças se entenderem entre si, vai ser bem melhor. Cuide do que é da sua conta quando vem ver nossa vizinha. Você tenta jogar as crianças contra nós dizendo bobagens do tipo "Sua mãe é puta". E se minha neta se revolta respondendo "Você é que não passa de uma puta velha", você bate nela? Ande, confesse, não foi assim que aconteceu? Você bateu na minha neta?

A mulher fez um gesto afirmativo e minha mãe lhe deu um tabefe.

– Toma, essa é pra você! Tome cuidado com o que inventa com meus netos, puta imunda.

Todas subimos juntas e vimos que minha filha mais velha tinha uma bochecha inchada, de todas as cores do arco-íris. Colocamos panos úmidos enrolados com gelo.

É repugnante a maldade dessas mulheres velhas com as crianças. O cúmulo é que acharam seus caras levando uma vida desregrada. Têm um atrevimento danado de fazer todo esse circo. Elas apanharam que nem mulher de ladrão antes de se livrar dos seus homens. Não têm moral alguma para criticar os outros. Bando de sirigaitas hipócritas, cheias da razão. No açougue, não se incomodam de pedir dois bifes e cinquenta gramas de presunto.

A gente esfriou a cabeça e depois ficou feliz por a família estar reunida. As crianças recobraram a calma, e papai e mamãe voltaram para a casa deles. Tine e eu passamos o dia em revista: não fora mole não. Tine desceu para o seu apartamento, no andar de baixo.

– Tchau, Lous, até amanhã. E não se atrase para o harém dos homens.

Teun, o egomaníaco
Martine, 2011

O loiro Teun é um cliente fácil. Ele entra direto. Conhece o caminho.
    Eu o acompanho.
    – E aí, Teun, como vai?
    – Tô bem – diz Teun. – Eu tô feliz de ver você, Dol.
    Ele paga e tira depressa as roupas. Teun fica sempre de pé. Faço carícias delicadas em seus mamilos e ele nos meus. Depois, ele se planta diante do espelho. Teun é um homem bonito e sabe disso. Tem tudo no lugar e é bem-dotado. Continua parado na frente do espelho se olhando.
    Teun trepou tanto na vida e traiu tantas vezes sua esposa que não consegue fazer mais nada além de se masturbar. Ele quer que eu lhe diga sacanagens. Isso o excita.
    – Vai, continue.
    – Sim, Teun, minha xoxota tá toda molhadinha e quente. Você também tá com o pau pelando? Quero sentir ele bem fundo. Como você é gostoso, tesão.
    Enquanto eu sussurro outras palavras sacanas no ouvido, Teun olha ora para mim, ora para sua imagem no espelho, segurando sua benga. E goza com felicidade.
    – Tchau, Dol, putinha!
    – Bye-bye, meu don Juan!

Loutje Pequeno Polegar, o Doidinho
Louise, 1974

AH, AH, RECEBEMOS A VISITA DE LOUTJE, o Doidinho. Eu caçava clientes na porta da Chez Katja, na Oude Nieuwstraat, quando o vi chegar. Ele me disse:
– Olá, madame.
– Olá, Loutje, como vai?
Ele colocou o polegar na boca e permaneceu plantado diante de mim. Me examinou da cabeça aos pés, se balançando sem sair do lugar. Eu falei:
– Cuidado, você vai acabar engolindo seu polegar.
Ele começou então a chorar muito e a bater os pés.
– Eu não vou engolir. Quero fazer companhia pra você.
– Ah, é? Você fez economias?
– Sim, sim, eu quero fazer companhia pra você, madame, pra chupar seu polegar. Mas uma vez pra cada, tá?
Disse com meus botões: "Ah, sim, jura".
– Tá bom, Lout, mas primeiro você tem que dar uma volta pelo bairro e fazer compras na HEMA pra madame.
– Oh, eu, quero muito, madame, mas tem como eu fazer isso com meu polegar na boca?
– É claro, Lout. Toma, pega aqui a sacola. O que precisa tá na carteira. Não esqueça nada, hein?
E, sempre chupando o polegar, Lout, o Doidinho, deixa a ruazinha para ir à loja de departamentos HEMA, na Nieuwendijk. Quando eu saí outra vez, 45 minutos depois, Lout estava diante da vitrine da vizinha da frente. Tinha os dois polegares na boca e a sacola de compras no braço.
– Madame, posso fazer companhia pra você agora? Fiz todas as suas compras. Por favor.

– Obrigada. Vá sentar no chão, Lout.

Muito contente, ele se sentou contra a cama, chupando o polegar e se masturbando com a outra mão, até gozar. Ele exclamou:

– Eu sou o Pequeno Polegar, como é gostoso este polegar!

E um pouco depois, satisfeito, Lout, o Doidinho, saiu.

O CRIANÇÃO
Martine, 2011

OLHA AÍ OUTRA VEZ O CRIANÇÃO. Tem quase noventa anos, mas age como se tivesse quinze. Fica de pé diante da porta, muito tímido, com uma velha sacola de compras de náilon na mão.
– Foi mamãe que me mandou. Tenho que fazer compras.
Permanece de pé, sem jeito, e olha para as outras meninas ao redor.
Eu entro na mesma hora na brincadeira.
– Entre – digo com um tom severo.
Porém, ele recua com um passo para trás. Eu me levanto e o agarro pelo cangote.
– Não, a senhora vai fazer sacanagens comigo!
– Mas é bom fazer sacanagem.
Eu dou um pontapé no seu traseiro e o faço entrar. Uma vez dentro, ele me paga sem demora.
A brincadeira continua.
– Meus pais dizem pra eu me comportar com minha tia, pois fizeram um empréstimo com ela. E agora eu preciso compensar isso.
– É, você tem que me obedecer. Comece indo fazer compras.
Eu faço uma lista: açúcar, manteiga, chá, papel higiênico, sabão, preservativos. Obediente, o meninão sai. Vai à loja de departamentos Albert Heijn, perto da praça Dam. Mal tenho tempo de me sentar e para na minha frente um homenzarrão. Ele aponta as botas pretas penduradas na vitrine.
– Quanto custa pra colocar elas?
Eu indico o preço. Ele entra. Fecho as cortinas e lhe dou as botas. Elas são bem altas, com saltos agulha, tamanho 43. Também lhe passo um vestido vermelho. Ele se troca. Sente muito

prazer em enfiar suas grossas pernas musculosas nas botas, e vai e vem dando passinhos sobre o piso. O vestido aperta sua pança imensa. Eu o encurralo com uma mão fechada contra a parede. Ele está de pau bem duro. Eu falo:
— E, agora, bata uma.
Ele obedece, até gozar.
O mastodonte se despede, satisfeito. Eu abro a janela. O meninão está de novo ali, diante da porta, com a sacola de compras.
— Demorou muito — resmungou ele. — A sacola está bem pesada.
— Pare de se queixar, garoto mau. Ande, entre.
Ele vai para os fundos e se esconde na cozinha. Está prestes a se esconder no armário quando eu chego.
— Ei, o que você tá aprontando? Saia do armário agora mesmo!
O pego de novo pelo cangote e o jogo na cama.
— Malvada, eu sei bem que a tia vai me obrigar a fazer coisas depravadas!
— Sim — diz a tia. — É uma ordem do papai e da mamãe.
Ele põe o polegar na boca, sentado na ponta da cama.
— Depressa, menino mau. Tire as roupas. E também o polegar da boca.
— Eu não quero.
— Vamos, não é tão ruim assim.
— É sim. É nojento.
— De pé!
Ele se levanta e tira as roupas, comportadamente. Eu o empurro para a cama.
— E agora trate de ouvir bem. Sou eu que mando. Você entendeu?
— Entendi, tia.
Nós dois nos deitamos na cama. Ele faz carícias em mim. De repente, começa a gostar e aquilo o excita pra valer. Ele se esforça para dar prazer à tia.
— Tô fazendo bem?

– Você tem mesmo o dom. Veja, meu pequeno, você pode chegar lá.
– Ai, minha tia, já não acho mais a senhora malvada.
O menino não consegue mais transar.
– A senhora ainda tem o aparelhinho?
– É claro, meu garoto.

A tia liga o velho aparelho de massagem Philips de fio em espiral. Ele faz um barulho dos infernos, mas suas vibrações são mais do que agradáveis. A tia o coloca na cabeça do pau dele. A criança goza bem rápido. Depois descansa um pouco.

– Tchau, titia, até a próxima, quando papai e mamãe me pedirem pra fazer compras.

CARA OU COROA
Louise, 1975

EU ACABARA DE CHEGAR DA Oude Nieuwstraat e ainda nem tinha terminado de arrumar o quarto quando ouvi batidas no vidro. Fui ver quem era e me deparei com dois musculosos de ar simpático. Me perguntaram se eu estava livre.
– Claro, entrem!
– Vendo você caminhar a gente pensou, mas esta garota é um tesão.
– Prazer, me chamo Marie. E vocês?
– Eu sou o Lou.
– E eu Frans. A gente veio de Limbourg.
Eu havia prestado atenção no "g" suave dos holandeses do Sul.
– Então, o que vai ser, meninos?
Aqueles dois homenzarrões trocaram um olhar e ficaram com cara de tacho.
– Andem – eu disse. – Não vou morder vocês!
Lou então falou:
– A gente vai jogar cara ou coroa e quem ganhar vai dar uma bela trepada com você.
– Maravilha. Minha perseguida tá com a corda toda.
Eles tiraram um florim.
– Você quer o quê?
Frans escolheu cara, e Lou, coroa. Eu lancei a moeda para cima, a peguei e estalei sobre a mão. A gente olhou com curiosidade e deu... cara. Mas eu pensei: "E Lou, quer o quê?". Eles tinham decidido que um dos dois transaria e o outro se masturbaria vendo do que seu amigo ainda era capaz.
– Bom, rapazes, a sorte foi lançada, mas agora vocês ainda precisam pagar pela coroa e pela cara.

Eles deram uma gargalhada.
– Ah, claro. Desculpa. A gente já deixou separado pra você as caras e as coroas.

Frans me estendeu cento e cinquenta florins pelos dois.

– Tá bom assim, Marie?

– Tá bom. Coloquem suas roupas em cima da cadeira.

Eu preparei os preservativos. Ambos tinham uma bela aparência com seus corpos sólidos e seus lindos cabelos castanhos encaracolados. Verdadeiros homens do Sul da Holanda. Primeiro nós três nos deitamos na cama e eles me fizeram carícias com delicadeza. Ao fim de dez minutos, Lou ficou de pé, perto da cama. Depois de todas aquelas carícias, sua vara, que ele precisava segurar com firmeza com a mão, estava enorme. Digo de mim para mim: "Tudo tá correndo bem". Frans também ficou de pé com seu peru, me perguntando:

– Marie, você tá pronta pra receber?

– Cem por cento, mas na horizontal. Assim sua pica vai poder entrar sem machucar.

Frans não era um novato. E Lou se masturbava com ardor. A cama rangia loucamente! Tudo ia às mil maravilhas.

– Marie, foi maravilhoso!

Após vestirem as roupas, os dois fortões me disseram:

– Obrigado, não é todos os dias. Foi muito bom de verdade.

E saíram.

– Ei, meus rapazes, mandem um beijo pra região de vocês.

– O quê?

– Sim, mandem um beijo pra região de vocês da parte da Marie, do bairro da Luz Vermelha.

Foram embora se contorcendo de rir.

– Certo, vamos fazer isso sem falta, Marie.

– Bye-bye.

– Tchauzinho então.

Um cantinho só para nós
Martine, 1978

APÓS QUASE DEZ ANOS DE PROGRAMAS na Oudezijds Voorburgwal, Lous e eu trabalhamos na Oude Nieuwstraat, uma ruazinha situada entre a Singel e a Spuistraat. Havia por lá, na época, nove bordéis, todos dirigidos por antigas prostitutas. Kitty, Katja, Marie, Hannie na esquina, Emmy, Wies… Elas conheciam todos os ossos do ofício e cuidavam bem de suas garotas. Como em geral moravam em cima do bordel, sempre havia um ouvido em alerta.

Eu trabalhava para Marie, no subsolo do número 6, e Lous para Katja.

Mesmo assim a gente estava farta de sempre depender de um terceiro, e tentava havia anos assumir um bordel, mas toda vez eles nos escorriam por entre os dedos. Preferíamos manter distância da corja do De Wallen. Apesar de tudo, a gente realmente não pertencia àquele time. As outras iam com frequência tomar um trago com eles, mas a gente tinha nossos filhos e precisava estar inteira para o dia seguinte. As crianças de Lous deixaram Nigtevecht, e eu cuidara todos aqueles anos da minha família, com Jan. Porém, naquele tempo, éramos obrigadas a trabalhar seis dias por semana. Por isso a gente buscava um bordel para chamar de nosso e decidir por conta própria o nosso horário.

Tinham nos empurrado uma pechincha na Koestraat, uma ruazinha transversal entre a Kloveniersburgwal e a Achterburgwal, perto da Nieuwmarkt. Era uma ruela de putas que ralavam muito diante da porta. Elas faziam programas com os clientes nos quartos de cima.

Nosso novo bordel ficava na metade da rua, no número 14. Tratava-se de um antigo depósito de roupas, um local comercial.

Em nossa primeira visita, estava repleto de escadas de lavadores de vidro e de baldes. Era realmente assustador: seria preciso transformar tudo.

O pessoal mais experiente do meio nos explicou como tocar o negócio. Seria necessário não chamar atenção: cuidar com discrição dos trabalhos de reforma interna e em seguida instalar depressa as vitrines e abrir as portas durante o fim de semana.

Aquilo levou certo tempo. Havia uma antena de rádio enorme no telhado. Os bombeiros vieram retirá-la, mas nos enviaram a conta. Também tivemos que instalar de novo a rede de esgoto e começamos abrindo todo o piso. Por sorte, Jan, meu marido, era pau para toda obra. No fim das contas, passamos dois anos fazendo obras com operários, a família e amigos. Apenas em 1978 pudemos abrir. Havia uma sala de recepção, cada uma de nós tinha seu quarto de programa, com camas bem sólidas, mais largas do que o normal, um banheiro e uma pequena cozinha para fazer nosso rango.

O bordel foi "tolerado", como todos naquela época, pois a interdição deles estava longe de ser decretada, o que só ocorreu em 2000. No entanto, os cafetões de outros prostíbulos armaram barraco. Havia por exemplo a Cabeça de Cavalo, uma verdadeira vagabunda que alugava quartos um pouco mais longe, na rua. Quando ela enchia a cara, ficava insuportável. No dia da inauguração, ela chegou completamente chumbada.

– Eu dou pra vocês cinco florins pra trazer sorte?

E desmoronou, bêbada, sobre o novo canapé de couro. Depois de algumas horas, conhecidos tiveram que colocá-la para fora.

Porém, era preciso mais do que aquilo para estragar a festa. A gente estava morrendo de orgulho por ter um cantinho só para nós.

O HALTEROFILISTA
Louise, 1979

Nelis fizera o percurso inteiro de bicicleta, desde Haarlem. Ele tinha acompanhado nossas mudanças da Oudezijds à Oude Nieuwstraat e a seguir à Koestraat. Sabia onde nos achar.

– Posso gaurdar minha bicicleta aí dentro, Dollie? Você tá livre? Eu quero ficar uma hora.
– Claro. Pra você, tô sempre livre. Mas o que aconteceu? Parece que você tá com dificuldade pra andar.
– Sim, é melhor de bicicleta porque ponho meus bagos no banco e também meus pesos.
– É por isso que o banco é tão grande? Afora isso, tá tudo bem, Nelis?
– Eu gostaria de um copo de água.
– Então vai sentar.
– Não, não.
– Por que não?
– Estou com um carregamento pesado, sabe como é.
– Formidável. Tirei a sorte grande! Ande, mostre a mercadoria.

Nelis se livrou da calça e vi dois pesos pendurados no seu pau. Ele usava um cinto ao qual estavam presas duas correias passadas em volta do pinto e das bolas. Os pesos suspensos nas correias puxavam suas bolas para baixo.

– Com certeza você tá com um carregamento pesado, Nelis.

Todo curvado, Nelis avançava a pequenos passos na peça e me olhava com um ar cheio de esperança. Daria para se pensar na balança de um feirante.

– Ainda tem dois pesos na minha mochila. Pode me alcançar, Dollie?

– Claro. O que você vai fazer com eles?
– Ainda tenho que erguer pesos com minhas bolas, hoje, pra obrigar elas a fazer exercício. Faço isso todos os dias. Tem como você colocar esses dois pesos nas minhas bolas?
– Tá certo.
E fixei os pesos aos dois anéis. Cada um pesava pelo menos quinhentos gramas. Pensei: "Diabos, ele não vai conseguir ficar de pé!".
– Você é um halterofilista estranho, com esses quatro pesos pendurados nos bagos. Eles vão ter que ser elásticos pra valer.
Nelis deu a volta no quarto arrastando os pés. Depois, bateu o cansaço. Ele sentou e pediu uma xícara de café.
– Dollie, você me ajuda?
A gente tirou dois pesos e Nelis os colocou na mochila. A seguir ele fez desaparecer os outros dois na calça.
– Tenho que ir, Dollie. Tô feliz por ter visto você. Vou continuar erguendo os halteres em casa, isso faz meu esperma jorrar sozinho.
– Então tá, até mais, sortudo.
Nelis pegou sua bicicleta e saiu, muito contente. Em cima de seu banco largo. O percurso inteiro, até Haarlem.

Sem subsídio
Martine, 1980

Durante anos, Lous e eu trabalhamos juntas na Koestraat. A gente tinha diversos clientes habituais. Alguns queriam apenas tomar um banho, com muita espuma. Não tínhamos nada contra, cuidávamos deles na água e ponto final. Tínhamos um banheiro rosa, com uma lâmpada vermelha. Tudo era rosa, rosa-pálido: a banheira, o lavabo, a privada.

Mais tarde, a gente passou também a alugar quartos, como faziam todas as prostitutas depois de certa idade, mas o bairro se degradava pouco a pouco. A heroína começou a causar um problemão. A gente não entendia o que estava acontecendo! Em certos momentos, hordas de junkies, às vezes centenas, se dirigiam à Zeedijk com objetos roubados: bicicletas, sons de carro, máquinas fotográficas, tudo o que se podia imaginar. E eles não paravam de se xingar.

Havia se tornado a luta pela sobrevivência. Todos aqueles problemas faziam as pequenas lojas quebrarem e eram uma catástrofe para o negócio. Nossos clientes eram ameaçados e agredidos, e passou a ser perigoso caminhar na rua. A gente teve que entrar na briga. Aqueles junkies estavam dispostos a tudo para se picar. Eles andavam pela região com facões e encurralavam os pedestres. A gente fazia um escândalo infernal para evitar assaltos e salvar as pessoas. Depois as fazíamos entrar para se acalmar. Oferecíamos um copo d'água, elas ficavam um momento sentadas e em seguida as acompanhávamos até a esquina ou chamávamos um táxi. Aquela situação era horrível e se mantinha o dia inteiro. As pessoas não podiam mais ir à Zeedijk, duas ruas adiante. Porque nós, eles conheciam. Os junkies passavam o recado entre si: "Aquelas ali você deixa em paz".

As garotas drogadas transformaram a prostituição da rua. Faziam muito por quase nada. Os caras se acotovelavam. Era horrível. Pedíamos às junkies que vinham trabalhar com a gente para começar algum tratamento de desintoxicação. E estava fora de cogitação fazerem programa abaixo do preço. Elas chegavam a se vender melhor do que nós. Às vezes achávamos uma seringa. Ou elas se drogando. Aquilo dava medo. A gente ficava aflita e dizia: "Você tem que parar de fazer isso!". Dávamos a elas algo para comer e um teto.

As outras pessoas do bairro achavam que não tínhamos o direito de fazer as junkies trabalharem. Preferiam deixar aquelas meninas se danarem. Ninguém fazia nada. A Assistência Social também não. Para nós, elas também eram seres humanos. Passávamos o dia cozinhando para elas, como se a gente fosse um albergue de putas. Lavávamos as roupas delas e doávamos outras. Também as obrigávamos a ir ao ônibus de distribuição de metadona, um serviço da Saúde Pública de Amsterdã, e até enviávamos alguém para conferir se compareciam de verdade. Muitas delas conseguiram se libertar das drogas. Felizmente. E tudo isso sem subsídio. A gente merecia uma medalha!

Um dia no zoológico Artis
Louise, 1983

— Bom dia, maninha.
 — Bom dia, Tine.
 — Que droga o carro estar pifado, né?
 — É. Quando tá funcionando é uma mão na roda. Mas, sabe como é, andar de ônibus também é bom. É só sentar e aproveitar.
 — Tem razão.
 Tine e eu havíamos ficado lado a lado na nossa mudança para a Hilversumpad, em Almere, a uns vinte quilômetros de Amsterdã. Começamos o dia com um café. As crianças já tinham saído para a escola. Nossos pais também se mudaram para Almere e, naquele dia, seriam eles que tocariam a casa. Viriam a pé desde o bairro de Waterwijk, fariam compras no centro e chegariam em seguida, para cuidar das crianças.
 — Hoje, mamãe vai fazer sua maravilhosa sopa de legumes.
 — Mmm, que delícia! Tomara que a noite chegue logo.
 — Ei, Tine, sabe o que mais gosto em Almere?
 — Não faço a menor ideia.
 — Bem, a coisa mais linda e o melhor em Almere é o ônibus pra Amsterdã.
 Tine caiu na gargalhada.
 — Agora só precisamos nos apressar pra colocar o traseiro no banco!
 E pronto! Já estamos no ônibus com toda a nossa tralha.
 — Olá, motorista. Tá lindo o dia, hoje. — Disse eu, com um grande sorriso.
 Tine pagou as passagens.
 O motorista perguntou:
 — Então, meninas, vão dar um passeio?

Tine respondeu:
— Vamos encontrar nossa família, no zoológico Artis. Vamos ver os gorilas. O senhor quer vir junto?
— Seria ótimo — respondeu o motorista. — Não é sempre que a gente pode passear com duas lindas mulheres assim. Vocês são uma tentação!
Sentadas bem-comportadas e lado a lado, a gente contemplava a paisagem. O ônibus avançava através dos pôlderes. Extensões magníficas de água. À esquerda, uma torre de igreja, à direita, o forte Muiderberg. Depois o ônibus rodou a toda velocidade pela estrada rumo a Amsterdã. Passou a Hollandse Brug, o município de Weesp, a saída para Muiden. Estávamos quase chegando. Cochilávamos no banco, quando o motorista nos fez saltar, gritando:
— Ei, meninas, chegamos. A família de vocês está à espera. Se divirtam no zoológico Artis.
— Obrigada, motorista. Você dirigiu bem, até a próxima.
A gente caminhou até a Nieuwmarkt.
— Olhe, Lous. Tá vendo? Parece que estamos no Artis. Hoje promete.
Continuamos direto até a Koestraat. Havia uma multidão.
— As garotas começaram a ralar cedo — comentou Tine.
— Tô vendo. E também um enrolão já saiu da toca.
— Do que você tá falando, Lous?
— Tô vendo um enrolão tarado saindo da sua toca de coelho.
— Dá pra ver que estamos no zoológico.
A gente entrou no número 14 da rua. Arrumamos nossas coisas, trocamos de roupa e ficamos prontas para receber os animais. Como não fazia frio, eu usava um lindo vestido sexy e fisgava clientes na soleira da porta, em paz. Até que vejo chegar quem? O enrolão. Ele me marcava de cima, como uma mosca em um pote de mel. Estancou diante de mim, perguntando:
— Quanto é, moça?
Pensei: "Desaparece. Vai tomar no rabo lá na Cochinchina".

— E aí, quanto é?
Respondi:
— Pra você, é de graça, pervertido.
Ele levou um dedo à boca e me examinou da cabeça aos pés. Permaneceu ali, me olhando. Fiquei puta, pois vi passar naquele exato instante um bom cliente que eu estava bem a fim de receber. Não queria perdê-lo por conta daquele tarado. Que disse que, apesar de tudo, queria acompanhar a moça.
— Escuta aqui, enrolão, já não deu de comédia?
O imbecil se masturbava com as duas mãos nos bolsos.
Eu gritei:
— Pare de fazer esse negócio na minha frente. Vai dar o fora ou não vai?
Parecia uma mula, não havia jeito de desempacar o idiota. Fui encher um balde de água lá dentro, e então voltei para a rua. O enrolão continuava pregado no mesmo lugar. Fiquei roxa de raiva, peguei o balde e virei em cima dele.
— O que é isso, moça?
— Moça coisa nenhuma. Some daqui!
Gritei para Tine:
— Enche outro balde, pro caso dele não querer seguir caminho.
Aquilo o deixou com a pulga atrás da orelha e pernas pra que te quero. Até que enfim! Lembrarei do serviço da manhã gratuito. Com certeza vai me dar sorte.
— Ei, Tine, pronta pra começar o dia?
— Sim, Lous. Como acha que eu estou? Vai rolar?
— É claro, Tine. Vestido sexy, pode crer, aberto e tudo mais. Vamos, começou a ralação. Talvez a gente consiga fisgar uns bons clientes.
— Seria uma boa pra hoje. Vou varrer um pouco a rua. Presta atenção, Lous, vou trazer pra você clientes a vassouradas.
Nisso chegou a vizinha. A gente a chamava de tia Coba. Ela era casada havia anos com um chinês.

— Oi, tia Coba, como tá o Chang?
— Melhor. Dá pra ver que tá se recuperando.
Tine continuava varrendo tranquilamente. Quando um cliente apareceu, ela disse:
— Ei, Piet, vou levar você pra dentro a vassouradas.
E ela limpou os sapatos dele com a vassoura. Piet se contorcia de rir.
— Mas, Mollie, não vim pra isso.
— Pra que então, Piet?
— O que você acha? Caso não saiba, a gente vai dar uma supertrepada.
Piet entrou e Tine me passou a vassoura.
— Termina pra mim?
Coba também saiu, perguntando se precisávamos de algo.
— Não, tia Coba. Mas muito obrigada mesmo assim.
Depois recebi Theo, um cliente habitual. Com ele, era sempre a mesma receita. Ele ficava uma hora e eu fazia serviço completo. O dia passou voando. Era outra vez momento de partir.
— E aí, Tine, se saiu bem hoje?
— Nada mal. Minha carteira tá cheia. E você, como foi?
— Incrível. Dei sorte. Ei, vamos fechar por hoje.
— Beleza. Tem uma boa sopa de legumes nos esperando pro jantar!
Retornamos muito felizes para Almere. E, claro, de ônibus.
— Bye-bye, Amsterdã. Amanhã estamos de volta.

Uma boa escovada
Martine, 2011

Olha o Bert chegando. Vamos juntos para o quarto. Conheço a receita há anos. Ele sempre quer a mesma coisa, o que é bastante prático. Bert me pergunta:
– O que eu tenho que limpar, madame?
– Bem, você só precisa dar um jeito no quarto. Toma, pega este avental aqui. Vá buscar o balde, a esponja e o pano no armário debaixo da pia, e também os produtos de limpeza.
Ele está um gato com o avental longo. Enche o balde d'água e pega um esfregão. Faz a festa.
– Está bem limpo, madame?
Eu estou sentada de modo confortável na poltrona, quase dormindo.
– Levante, madame. Vou passar um café.
– Ah, que ótima ideia, Bert! Ainda tem uns bolinhos no armário.
– É melhor tomar o café na mesa.
– Tá uma delícia esse cafezinho.
Depois, ele recomeça a trabalhar sem sossego. Adora atirar água por todo canto.
– Mas, Bert, o que você fez ali? Tem um buraco no seu avental.
Bert passa o pênis através da abertura e o limpa com a esponja que serviu para lavar o piso. Eu pego o esfregão e bato com ele no pênis. Até Bert gozar.
– Obrigado, madame.
Bert é uma espécie ameaçada de extinção. No passado, acontecia de termos três "faxineiras" por semana, e além do mais eram elas que pagavam. Faziam muito bem o trabalho e nos

prestavam grandes favores. Se quiséssemos, dava também para achar pintores, marceneiros, mecânicos etc. Tínhamos tudo o que desejássemos. Também bons cozinheiros. De vez em quando, chegavam até a cozinhar lá. Era tão bom que não deixávamos uma migalha. Toda a família adorava e eles ficavam felizes com toda aquela atenção e por sentir que a gente apreciava o trabalho e a presença deles. Iam em seguida se satisfazer no meu trabalho, e a gente tinha um outro encontro para a cozinha. Ou para a limpeza, a pintura ou tudo que quiséssemos.

Era tão bacana que seria possível passarmos dias inteiros. Já ia esquecendo os rapazes da contabilidade que queriam tomar conta dos nossos negócios e prometiam maravilhas com toda espécie de investimentos. Eles sabiam como fazer para separar você da sua grana. Começava bem, mas depois a gente sofria perdas. Na maior parte do tempo, eles queriam transar ainda assim. Então eu dizia: "Certo, mas primeiro vamos passar no caixa". Afinal, eu administrava bem as contas. É preciso pagar as pessoas quando fazem um serviço para você. Assim a gente fica independente.

O COITADO DO VIZINHO
Louise, 1984

AINDA ERA CEDO. A EQUIPE DE LIMPEZA acabara de passar e a Koestraat estava outra vez novinha em folha. Os homens tinham bebido uma xícara de *kawa* em frente à porta e havíamos papeado bastante. Caras bacanas. Era sempre minha irmã Martine que servia o café. Acho que ela nasceu com uma cafeteira na mão.

— Seu café tá ótimo, Tine. Ainda sobrou uma xícara?

— Sim, Lous. Vou pegar pra você e depois vou direto à feira.

Martine acabava de sair quando vi passar nosso vizinho que mora duas ruas depois da nossa, em Almere. Estava surpreso de me encontrar ali.

— Olá, vizinha. Como vai?

— Tudo bem. É bom dar uma caminhada, né?

— É. Eu precisava vir no bairro pra fazer compras pro meu chefe.

Não era a primeira vez que eu ouvia aquela desculpa esfarrapada. O vizinho seguiu seu caminho e eu meus programas. Vi chegar um cliente habitual, um verdadeiro Ligeirinho. Entrou comigo. Era do tipo: "Oi, minha linda, tchau, minha linda". Estava sempre apressado. Quando voltei para caçar clientes na porta, quem eu vejo andando pela rua? Adivinhe?! Meu vizinho, é claro. Ele veio direto até mim e perguntou:

— Vizinha, você tá livre?

— Como assim?

— Minha mulher tá no hospital e não tenho ninguém pra fazer sexo. Por favor…

— Bom, entendo. Ande, entre.

O vizinho me acompanhou para dentro. Olhou ao redor, pouco à vontade. Então sentou na cama.

— Não é assim que funciona aqui, meu querido.
— Ah, não? E como é?
— Primeiro tem que pagar.
— Bom, sem problema.

Ele me entregou o dinheiro, a festa podia começar. O vizinho bancava o tímido.

— Não pode ser, que ceninha é esta?

E de repente ele se fez de difícil. Disse com meus botões: "Este eu vou ter que domar". Agarrei ele, assumi as rédeas e o fiz gozar. Depois, ele se acalmou.

— Foi ótimo.
— Sim, foi bem como eu imaginava. Diga que mandei um beijo pra sua esposa e que desejo pra ela uma recuperação rápida.

O vizinho mala
Martine, 2006

ALMERE. EU IA PEGAR UM TREM. No fim da rua, ouço alguém buzinar com insistência. Era um vizinho:
— Pra onde você vai?
— Pra Amsterdã.
— Posso levar você.
— Não precisa.
Mas ele insistiu e acabei cedendo e subindo no carro. Eu o conhecia havia anos e nunca tivera problemas. Estava achando que ele dirigia muito depressa e, no entanto, o trajeto me pareceu bem longo.
— Vou deixar você no trabalho.
— Não, me deixe aqui. Conheço o caminho.
Mas ele já tinha achado uma vaga livre à beira do Singel e estacionou.
— Deixa que levo a sua sacola. Eu acompanho você.
Eu fui para o quarto de programa na Oude Nieuwstraat e abri a porta. Ele entrou para deixar a minha sacola e disse:
— Quero ficar.
Respondi:
— Não, não faço com conhecido.
Ele continuou insistindo. De repente, me agarrou e puxou minhas roupas. Eu o empurrei.
— Calma aí. Tem que pagar.
— Eu também?
— Só os cachorros trepam de graça.
Ele acabou tirando a carteira e me pagando. Achava que aquilo não estava de bom tamanho, mas pensei: "Vou fazer isso

rápido. Assim me livro dele". Ainda por cima, tinha exigências e era bruto. Com aquele ali, era preciso ficar de olhos abertos. Trepou como um bicho e a festa teve curta duração. Depois, foi embora.

    Ele buzinava de vez em quando ao me ver na rua, caso eu quisesse entrar no carro, mas eu seguia em frente de cabeça erguida. Antes daquele episódio, minha irmã e eu íamos visitá-los com frequência. Era sempre muito bacana com sua esposa. Até que um belo dia a gente esbarrou com ela, que nos ignorou. Eu não ia engolir aquilo outra vez. Certa manhã em que a reencontrei no supermercado e que ela fingiu não me ver, fiquei roxa de raiva. Pensei no seu marido, aquele patife. E ela ainda ousava bancar a importante? Ela nem sequer sabia do que era feito seu próprio homem!

    Em uma tarde ensolarada, passei em frente à casa dela com minha irmã. Ela estava perto da cerca do jardim e batemos um papo rápido. Aquela girafona não se atreveu a nos esnobar, mas eu sentia que ela estava nervosa. Falamos sobre filhos e o ambiente ficou descontraído. Ela contou que ia fazer um molho para o espaguete. De repente teve um sobressalto. Seu marido estava de chegada. Ele nos cumprimentou de modo seco.

— Olá — respondemos. — Faz um tempo que a gente não se vê. Com certeza o senhor anda muito ocupado.

Mas ele não respondeu e entrou em casa. Sua esposa devia entrar também, para cozinhar. Ele sairia aquela noite.

— Ei, ela não é grandinha pra tomar suas próprias decisões? Não vamos ficar muito mais.

A vizinha estava visivelmente desconfortável. Falamos para ela:

— Vá logo fazer a comida, se não seu marido vai chiar. A gente conversa outra hora, quando tiver mais tempo. Boa noite pros dois.

ESCRAVA POR UM DIA
Louise, 1985

EM UM SÁBADO À NOITE, PINA, uma boa parceira, me pediu para caçar clientes na vitrine do seu bordel. Pina era uma dominatrix muito severa. Tinha seu próprio prostíbulo na Oudezijds Achterburgwal, esquina com a Koestraat. Sempre vestia couro preto, da cabeça aos pés. Tinha o rosto pálido como neve e longos cabelos da cor de nanquim. Eu estava usando um vestido preto colado e brilhante, botas de salto agulha e carregara na maquiagem, para a circunstância. Fui me sentar toda pintada atrás da vitrine, à beira do canal. Fiz muito sucesso. Em dado momento, Pit, o brincalhão, subiu a escadaria de pedra correndo e gritou para mim:

– O que aconteceu com você, Lous? Ainda não chegou o Carnaval.

– Só que comigo todo o dia é Carnaval. Você já deveria saber.

– O que tá fazendo aqui? Não tá mais na Koestraat?

– Tô sim, claro. Só que hoje Pina me pediu pra eu ser sua escrava. Tirar uma grana. E agora tô esperando. Tem um cliente especial que quer uma escrava a mais.

– Entendi, Lous. Então até mais. Vou ver se sua irmã ainda tá livre. Vamos fazer uma farrinha.

– Tá certo, Pit. Talvez eu me encontre com você daqui a pouco, mas pode ser que fique tarde.

– Não tem problema. Seja como for, preciso levar as garotas de volta na caranga depois da função.

A voz da minha severa dominatrix ecoou do quarto de trás:

– Olá, escrava.

— Estou a seu dispor, minha ama.
— Jannie acaba de ligar. Vai estar aqui em dez minutos e você vai ter que levar ele até onde eu estou. Primeiro você vai bater na porta pra ver se têm permissão pra entrar. Tá claro?
— Sim, minha ama, tá claro.
Eu espiava pela janela porque precisava conduzir Jannie direto para o quarto de Pina. Ali estava ele, subindo a escada.
— Olá, Marie.
— Entre, Jannie. Vou levar você direto pra ama.
— Obrigado.
Após bater à porta, perguntei se a gente podia entrar.
— Venham agora mesmo. E se mexam! Por aqui, escravos, de joelhos no chão.
Jannie e eu obedecemos imediatamente.
— Peça perdão.
— Mas não fiz nada, minha ama.
— Escravo, você tá dez minutos atrasado. Como castigo, vai deitar. Tá claro?
— Sim, minha ama.
Jannie foi deitar na cama.
Pina me mandou obedecer:
— Escrava, traga-me a caixa que está no armário.
Fiz o que ela pedia.
— Aqui, minha ama.
Ela abriu a caixa e tirou de dentro agulhas. Opa, o que ia acontecer? Ela avançou até o escravo e fincou uma agulha nos mamilos dele. Percebi que Jannie adorava aquilo. A dominatrix deixou duas agulhas nos mamilos dele e pegou o chicote.
— Você pode sair, escrava. Cumpriu bem o seu dever. Já este escravo aqui vai ficar algemado a noite toda, de castigo.
— Como quiser, Pina, minha ama. Boa noite e até mais.
E eu desapareci na multidão do bairro da Luz Vermelha.

O MASOQUISTA DE COURO
Louise, 1985

ERA O COMEÇO DA TARDE DE SÁBADO e as ruas próximas à Nieuwmarkt estavam cheias de gente. Eu rodava havia um bom tempo para estacionar o carro mas estava mesmo com azar. Enfim avistei alguém liberar uma vaga. Bom, já era hora. Pude me trocar em frente à peixaria. Trajava um belo conjunto de napa. Um casaco e calças. De cor ocre. Caía muito bem em mim e era confortável de usar. Muito singular. Vestida assim, era difícil não chamar atenção dos homens. Refleti: "É sábado. Pode ser que eu receba a visita do masoquista de couro. Seria ótimo, eu poderia marcar um ponto logo de saída". Na padaria, peguei uns sonhos de creme, para me fazer um agrado. Na esquina da Koestraat, fiquei de frente com ele, que estava de couro marrom da cabeça aos pés e carregava uma grande sacola.

— Olá, madame — me diz ele.
— Olá, escravo, como vai?
— Bem, madame.
— O que tá fazendo aqui?
— Procurando você, minha ama.
— Acho bom. Você só tem que me seguir. Sacou?
— Sim, minha ama.

Ele me seguiu decidido com sua grande sacola e a gente entrou no bordel da Koestraat. Atravessamos o interminável corredor, que tinha uns dezessete metros.

— Me espere aqui.
— Sim, minha ama.

Coloquei os sonhos na geladeira e as outras compras em cima da mesa da cozinha. Em seguida, bati de leve à porta da minha irmã.

— Tine, Tine, presta atenção. Tô com o masoquista de couro e vou precisar dar voltas pelo corredor.
— Certo, Lous, não esquenta a cabeça. Por enquanto não tem problema, as garotas só chegam mais tarde.
— Beleza. Até depois.

Voltei para ver meu escravo. Quando entrei no quarto, ele continuava de pé, bem empertigado. Sequer tirara o chapéu da cabeça e, com certeza, tinha medo de que ele caísse. Uma verdadeira estátua. Eu tirei alguns dos meus acessórios. Ele expusera suas mercadorias em cima da cama, bem alinhadas. Peguei uma larga coleira bem pesada e presa a uma grossa corrente e disse:
— Bom, venha cá se meter na coleira, escravo.

Coloquei a coleira e a corrente.
— Prontinho. Agora você vai obedecer a sua ama.
— Sim, minha ama.
— Como é que é, escravo?
— Entendi errado, minha ama.
— Vou acabar com sua vontade de repetir.

Prendi suas mãos com grossas algemas de metal, bem em frente às bolas.
— E agora de joelhos!
— Não posso, minha ama. Seu escravo está com os joelhos machucados.
— Estou me lixando, obedeça e fique de joelhos!

Ele se ajoelhou e eu continuei a puxar a coleira para cima. Sentei na cama e coloquei os pés sobre seus braços acorrentados. Ufa, uma pequena pausa usando meu escravo. No fim das contas, são feitos para isso.

Ao fim de dez minutos, bem aproveitados para o descanso, me levantei e ordenei que o escravo ficasse de pé. Peguei outra corrente, bem pesada também, e coloquei nos tornozelos dele. Assim partimos para o corredor. Eu fazia com que ele avançasse, puxando a coleira. As correntes faziam um barulho infernal no piso e demos umas dez voltas. Ele entrava fundo na brincadeira e me olhava escondido por baixo do chapéu. Era hilário. Ao vê-lo assim, sério como se participasse de um enterro, eu quase fazia xixi nas calças.

Pensei: "E lá vamos nós de novo".

— Por aqui, escravo.

Peguei o colarinho de sua jaqueta de couro e puxei com força para cima. O chapéu estava torto. Ele parecia um palhaço. Me contive por um triz e me dirigi para a despensa.

— Tá na hora de refletir sobre seus erros. Vou colocar você no calabouço e você vai ficar preso, a pão e água.

Prendi a corrente em uma bicicleta velha que tinha ali e disse:

— Até mais, escravo. A ama vai voltar pra ver você daqui a uma semana.

E tranquei bem a porta.

Bom, e agora eu iria ver minha maninha. O sonho estava me esperando. Fiz por merecer. Chamei:

— Tine, cadê você?

— Tô aprontando na rua.

— Ah! Comer comer, comer comer, é o melhor para poder crescer.

— Lous, vai sentar no canapé! Vou levar pra você café e o seu sonho de creme.

— Demais. Tava mais que na hora. Minha barriga tá roncando.

— E seu escravo? Você deixou onde?

— Bem, Tine, é melhor você não ir à despensa no momento. Ele tá trancado no calabouço.

— Não, mentira! Pensei que ele tivesse ido embora.

— Não, oras. Ele vai esperar um tempo antes de recuperar a liberdade.

— Pare com suas histórias de escravo. Vou fazer umas torradinhas. Quer quantas?

— Me vê três por toda a trabalheira.

– Quer o que em cima? Linguiça ou queijo?
– Já vejo linguiça suficiente por aqui.
– Com certeza isso é o que não falta, Lous.
– Obrigada, Tine. Nossa, como é bom esse queijo. É aquele comprado na Nieuwmarkt?
– Isso.
– Dá pra notar a diferença, né? É como acontece com os caras. Enfim, vou lá libertar o escravo. Acabou a brincadeira.

Fui à despensa, destravei a corrente, agarrei o escravo, ordenei que andasse até o quarto e avisei:
– Escravo, me deram autorização pra soltar você. Pronto, por hoje tá encerrado.

Tirei todas as correntes, algemas e a pesada coleira.
– Pode sair, escravo.

Ele recolocou as coisas na sacola e se retirou depressa.
– Tchau, minha ama.
– Bye-bye, escravo. Até a próxima.

A VIRGEM E O HOMEM
Martine, 2010

Eu abro as cortinas. Olha o Ed chegando! Ele quer se fantasiar de mulher. Debaixo das roupas, veste meia-calça de renda preta com liga e uma minúscula calcinha que aperta seu peru contra a barriga. Ele coloca o salto alto e as longas luvas e, com dificuldade, meu vestido de programa vermelho. Eu ponho em sua cabeça uma peruca e pinto seus lábios de batom.
– Como você tá linda! Pode ir pra rua sem problemas. Vai caçar os bofes pra mim.
– Vou fazer isso com todo prazer pra senhora.
Ele se olha mais uma vez no espelho.
– Cruzes, como eu tô linda!
– Anda, vai pra trás da vitrine e dê o seu melhor. Eu quero tirar onda esta noite.
Abro a cortina pela metade.
– Não vou decepcionar você, mas tô com um pouco de medo.
Ele se coloca atrás da vitrine e, incrível!, logo tem admiradores. Eu espero para ver o que vai acontecer. Ele me chama, em pânico.
– O que eu devo fazer?
– Você precisa colocar uma camisinha, e já. Ele pagou você?
– Sim.
Pergunto ao cliente:
– Quanto?
– Vinte.
– É pouco. Pode pagar mais? Vamos fazer isso a três. Vou ajudar ela, porque ainda é virgem. Tá começando. O senhor é o primeiro cliente.

O cliente está pronto para a aventura.

– Bom, então vou pagar um pouco mais, porque isso não acontece todos os dias. Tem alguma música bacana? Pra dançar.

A gente começa a saracotear rindo e se diverte pra caramba. Ed representa seu papel com perfeição e o cliente está no paraíso. Aquilo o excita pra valer. De repente, ele diz:

– O tempo está passando e agora eu quero me divertir com a virgem.

A virgem concorda. Eles se viram muito bem. Vou me sentar na poltrona e fico vendo os dois brincarem na cama. Eu costurei bem a situação: dois clientes que se satisfazem juntos. Não tenho mais nada a fazer. Eles dão uma trepada daquelas e ainda por cima gozam ao mesmo tempo.

Bem contente, o homem se despede de nós.

– Foi mesmo demais, até logo.

Ed continua na cama com o vestido vermelho, a peruca torta, um sorriso de satisfação nos lábios.

A virgem perdeu a virgindade.

Como Hannes virou Hannie
Louise, 1986

HANNIE TRABALHAVA NO BORDEL da Cabeça de Cavalo, um pouco mais distante, na Koestraat. Antigamente, tinha um nome masculino, Hannes, mas ela se tornou uma loira enorme e bem servida. Tine e eu a víamos quase todos os dias e falávamos muitas vezes com ela. Ela nos visitava e a gente se divertia bastante. Um lindo dia, Hannie nos disse:
– Prometi mostrar pra vocês meu novo lado feminino depois da operação. Chegou a hora.
– Você não tem obrigação – respondemos Tine e eu.
– Claro, mas tô morrendo de vontade.
– Bom, vamos dar uma chegadinha no quarto da frente.
Dito e feito. Hannie se deitou na cama e nos mostrou sua nova aquisição. A gente ficou de boca aberta.
– Mas é uma graça sua nova xoxotinha.
– Você tem toda razão pra ficar orgulhosa dela.
– Esse cirurgião é um artista.
– Incrível, eles fizeram isso bem pra valer. Parabéns!
Muito contente, Hannie vestiu as calças. Ela nos explicou que o trabalho de prostituta já não trazia mais problema algum e que tinha documentos oficiais atestando que era uma mulher. Nós abrimos uma garrafa e brindamos juntas.
– Bom, meninas, o dever me chama. Foi muito bacana esse intervalo.
E Hannie voltou a fazer programa na Koestraat com sua xaninha nova em folha.
Pouco tempo depois, Hannie encontrou um companheiro marroquino. Após um ano, foram para o Marrocos, onde Hannie

conheceu a família de Yousef, por quem foi completamente aceita. Lá se casaram e voltaram felizes pra valer. Hannie retomou o trabalho no bordel da Cabeça de Cavalo, como se nada tivesse acontecido. Ela fazia programa como uma verdadeira potranca!

PIROCÃO DE CAVALO
Louise, 1987

OLÁ, KOESTRAAT! O dia prometia ser pesado. O contador devia chegar dentro de uma meia hora para preencher os formulários de impostos pela locação de quartos. Tineke surgia da cozinha:
— Lous, vou deixar tudo pronto pro almoço. Outras garotas também vão comer com a gente. Você poderia dar uma lavadinha rápida na calçada?
Eu desenrolei a mangueira e molhei a calçada de todo mundo que queria. Vi chegar um velho cliente.
— Ei, Marie, você vai trabalhar até mais tarde hoje?
— É claro.
— Bom, então vou voltar esta noite.
Eu continuava a molhar por todo lado quando Monik dobrou a esquina da Achterburgwal com sua cachorra Regina.
— Olá, Lous! Como vai?
— Ótima, e você?
— Indo.
— Ei, você poderia estar um pouco mais alegre. Vamos, Monik, animação. Que tal almoçar com a gente?
— Boa ideia.
— Então até logo. E boa sorte com seus clientes, hein?!
Monik morava no terceiro andar de um prédio na esquina da Koestraat com a Kloveniersburgwal. A gente também estava com um imóvel lá, e a família e os amigos trabalhavam juntos para transformá-lo em um bar tipicamente holandês. Ele deveria se chamar As Duas Taurinas. A gente estava então afogada de trabalho.

Tínhamos decidido comprar aquele velho prédio porque o Estado, em todas as instâncias, diversas associações do bairro e alguns fanáticos religiosos achavam que era possível viver sem a prostituição. Mas os criminosos do pedaço também faziam de tudo para atrapalhar. Eles cresciam o olho para o nosso pequeno bordel: "Não dá pra acreditar, essas duas mulheres bancam dois imóveis!". E por que não daria? A grana a gente tinha ganhado com o suor do nosso trabalho.

Eles tentaram de tudo para nos aporrinhar. Passavam dos limites com artimanhas das mais mesquinhas. Nos ameaçaram e se tornaram até violentos. E perseguiram e intimidaram as garotas que trabalhavam para nós. Atiravam tomates e ovos quando elas estavam caçando clientes. Podiam ficar bem orgulhosos de si mesmos, esses brutamontes do bairro. Mas, tudo bem, não vamos mais falar disso. A porta do andar de cima se abriu e Alexander Pola apareceu.

– Oi, Lous. Trabalhando a todo vapor?

– Sim, Alexandre. Vai uma água também no seu piso?

– Toca ficha, vai dar uma cara de novo. Manda um beijo pra Tine?

– Sem falta. Bye-bye.

Já havia muitos caras circulando na rua. Eu aguardava sem arredar o pé. Guardei sem demora a mangueira e estava ainda aproveitando um pouco do frescor da rua quando vi chegar... adivinhem quem? O cavalo. Era assim que a gente chamava Frans.

– Ei, Dol, você tá livre? Faz uma hora que carrego meu pirocão de cavalo pra lá e pra cá. Ele não vai demorar a empacar.

– Você quer se achar com seu pirocão de cavalo, Frankie, mas logo ele vai ficar tão mole que eu vou precisar buscar um garfo na gaveta pra prender ele.

Frans começou a gargalhar.

– Você, hein? Que puta sacana. Vamos, ao trabalho. Tá mais do que na hora. Quero que a gente monte e perca as estribeiras juntos.

– Tudo bem, mas pra perder as estribeiras e pular a cerca é tarifa dobrada.

Depois de ter galopado nele durante uma boa hora, acompanhei Frans até a porta e encontrei na cozinha o contador Willem, vermelho como um pimentão, e Tineke. Estavam tomando café com sonhos de creme da padaria da Nieuwmarkt.

– O que você tava aprontando, Lous? Era um cavalo na sua cocheira? Eu tava ouvindo uns relinchos.

– É, eu tava com um entendido que tava me mostrando seu cavalo.

Willem fora tomado por uma crise insana de risos.

– Ora, ora, eu não sabia que você criava cavalo aqui na Rua da Vaca [Koestraat].

– É verdade que de vez em quando parece que estamos em um haras.

Willem reuniu os papéis.

– Bom, meninas, tudo parece estar em ordem. Preciso ir. O dever me chama. Trago isso de volta em duas semanas.

– Ok, Willem. Tchau!

– Vamos, Tine, tá de bom tamanho por hoje.

– Não, Lous, a gente tem que se apressar. As garotas vão chegar pro almoço.

– Ah, também vou enganar a fome. Mas depois vou encerrar as atividades.

O ADVOGADO
Martine, 2011

ESTOU ALICIANDO CLIENTES no vão da porta quando aparece o advogado. De terno impecável e bem barbeado, vem direto do tribunal de Prinsengracht, com sua pasta preta.
– Ei, safadinha, você parece bem contente com esses lindos sapatos de salto alto. Assim eu fico com um tesão danado. Tá sozinha?
A gente se acerta em relação ao preço e ao que ele quer para hoje. Eu devo algemá-lo e prender seus tornozelos. Faço com que se deite no piso gelado. Ele adora. Bato de leve nele com o chicote. Repito o movimento. Da cabeça aos pés. No peito e entre as pernas.
– Tá gostoso, hein?!
– Sim, tá divino, madame. Muito obrigado.
Eu o solto e ordeno que fique de barriga para baixo. Depois o prendo de novo. Dessa vez bato com um pouco mais de força. Nas nádegas.
– Oh, madame, como é gostoso!
Um pouco mais forte.
– Obrigado, madame.
Muito mais forte.
– Oh, muito obrigado. Tô querendo brincar com você, agora.
Eu o solto. Ele vai se deitar na cama, louco para se divertir. Me agarra.
– Ai, assim machuca.
– Foi sem querer.
– Sim, mas machuca igual, digníssimo advogado. O senhor merece uma punição. Pro canto, mãos pra trás. Quem pensa que é?

– Sou o digníssimo advogado.
– O senhor tem o direito a cinco cacetadas.
– Não, eu não quero.
Ele começa a choramingar.
E, agora, o que faço com esse advogado puxa-saco?
Eu digo:
– Execução imediata.
Pego o cassetete e conto bem faceira: uma, duas, três, quatro, cinco. Bem comportado, ele conta comigo.
Eu canto:
– No tribunal tinha um advogado, ia-ia-ô.
– Oh, como é gostoso, madame!
– Ande, pegue sua ferramenta e comece a operar ela.
Eu pego outra vez o cassetete e lhe dou batidinhas nas bolas. O advogado se masturba com vontade, até gozar.
– Obrigado, madame.
Ele se arruma. Os cadarços bem amarrados. A gravata bem retinha. Uma penteada nos cabelos. Depois ele pega sua pasta cheia e vai embora.
– Até mais, madame!

JÁ FAZ MUITO TEMPO
Louise, 1989

FIM DOS ANOS 80. Tine e eu estamos fartas de todos os aborrecimentos no bairro. Colocamos à venda nosso imóvel. Eu estou do lado de fora, apoiada no parapeito da janela.
– Oi, Marie!
– Olá, Pit! Já faz um tempão.
– Já não é mais como antes, né?
– Isso dá pra ver. Para onde foi aquela época em que a gente tirava às vezes a sorte grande?
– E a época das brincadeiras e da diversão também acabou.
– Você tem razão. Quando a gente se diverte, nos olham torto e fazem gestos estranhos como se fôssemos pancadas. Se continuar assim, vão pedir pro pessoal do manicômio vir nos buscar pessoalmente.
– Muitas vezes o tipo de gente que não se entende com ninguém e se acha o maioral.
– E é bem esse tipinho que compra seis ou mais imóveis velhos e vem tumultuar tudo no nosso bairro.
– É, é. E quase todos eles nunca estudaram.
– Na esquina da Achterburgwal, também tem um grupo que recebe subsídios da Prefeitura. Eles não se acham pouca merda e aporrinham todo mundo. Logo, logo vão meter o nariz nos bordéis. Esses imbecis transformaram o bairro em uma fortaleza.
Pit balança a cabeça.
– É uma sacanagem.
– No passado, meu pai e minha avó viviam na Ouwe Hoogstraat. Depois, minha tia foi morar lá com os filhos. Minha irmã e eu íamos para lá em muitos fins de semana, de dia. Na época, a gente morava na Amstelkade, perto do hotel Apollo. Nossos

pais nos deixavam pegar a linha 25 do bonde, até a praça Dam. A gente caminhava de mãos dadas rumo à Ouwe Hoogstraat, passando pela Damstraat. A gente adorava ir visitar a tia e brincar com nossas primas. Tínhamos mais ou menos onze anos e, no verão, íamos comprar sorvetes no Tofani, na Kloveniersburgwal.

Piet balança outra vez a cabeça.

– Quando eu ia com meus pais na festa popular na Nieuwmarkt, eles também me compravam sorvete no Tofani. Normalmente de morango, com direito a cascão. Eu adorava. Truus ainda não existia.

– Não, a mãe de Truus tinha uma lojinha de doces pertinho daqui, na Bethaniënstraat. A gente comprava lá chupa-chupa e balas. E pirulitos pros nossos pais. Depois, Truus se casou com Lio Tofani, o filho do dono da sorveteria.

– Você tava sempre aprontando no terraço, com o grupinho de meninas da Koestraat. Passei ótimos momentos com você. Era uma época boa.

– Eu também tinha uma tia aqui, na Achterburgwal, tia Mia. Ela era casada com um chinês. Quando nossa mãe ia para a Ouwe Hoogstraat, a gente ia comer *nasi goreng* e *bami goreng* na casa deles, com um monte de *chun juan*.

– Ei, Marie, você se lembra do mundaréu de gente que circulava na Ouwe Hoogstraat? Era ainda uma rua movimentada, com carros e bicicletas nos dois sentidos.

– Mas assim mesmo tudo funcionava bem. A gente se arranjava bem com as buzinas dos carros e as campainhas das bicicletas. E achávamos aquilo normal.

– Eu passava por lá de bicicleta para ir trabalhar na casa do meu patrão. Fazia um pequeno desvio pra ver as garotas. Isso não podia faltar. Bom, Marie, talvez eu reveja você esta noite.

– Passe pra tomar um suco. Bom, Piet, vou tentar ganhar meu pão pra amanhã e algo pra colocar na mesa das minhas crianças. Com ou sem carne. É a vida, não? Isso diz alguma coisa pra você?

...Ei, Kees, venha já aqui, safadinho. Não tá na hora de dar uma bimbada?

A HISTÓRIA DE HANS

Martine: *Hans é um dos meus habitués de longa data. Eu o conheço há trinta anos. Nos tornamos amigos com o passar do tempo e marcamos saídas, excursões e viagens juntos.*

ME CHAMO HANS. As irmãs Louise e Martine pediram para eu contar lembranças marcantes sobre o bairro onde elas trabalharam ou trabalham ainda. Minha primeira experiência com uma mulher da vida, ou puta (acho que a gente ainda não utilizava a palavra "prostituta" na Holanda naquela época), data de sessenta anos. A experiência se passou, é realmente incrível, na Oude Nieuwstraat, no começo dessa rua, em frente ao bordel de Kitty. O programa custava cinco florins na época. Louise e Martine não querem acreditar nisso, mas naquele tempo elas ainda estavam na escola. Eu trabalhava no bairro e de manhã passava com frequência por essa rua. Também havia uma menina em frente ao número cinco, no térreo. Ela fora contratada como diarista, mas, quando tinha visita, deixava o aspirador para aspirar outras coisas, que não pertenciam oficialmente a suas atribuições mas permitiam que ela ganhasse um dinheirinho extra.

Como eu trabalhava no bairro, devia prestar atenção para não esbarrar em colegas. Eu frequentei muito aquela rua no início. Antigamente, apenas as holandesas faziam programa e o ambiente era bom, muito melhor do que hoje. A gente ainda podia papear. As mulheres que se prostituem atualmente vêm sobretudo do Leste da Europa, da África e da América do Sul e as únicas palavras que conhecem são: "vinte e cinco, cinquenta ou cem". Então, fica impossível estabelecer qualquer conversa.

Meu trabalho dava para a Spuistraat. Em frente, havia um subsolo em que trabalhava uma garota. Seu homem ficava do outro lado para contar os clientes. Também no Singel, um outro cara ficava às margens do canal para vigiar sua mulher no subsolo. Era ali que se achava a "nata da prostituição", ao lado do bistrô da esquina. Era preciso fazer fila e, quando a porta era aberta, dois homens ainda esperavam a sua vez no corredor. A gente podia escolher: normal ou de quatro, com ou sem camisinha. O que provavelmente explicava a concorrência. O nome dela me vem à mente agora. Se chamava Roulie. Ela acabou parando. Eu voltei a reencontrá-la há alguns anos, em Aalsmeer, em uma loja de confecções femininas em que trabalhava como vendedora. Ela sem dúvida ganhara Alfa Romeo suficientes para seu marido – era a marca preferida dele. Entrava e saía gente sem parar de lá de dentro. Louise e Martine são testemunhas. Em frente à "nata da prostituição", havia também uma chalana no canal do Singel, que pertencia a duas sapatonas, mas que não durou muito tempo.

Eu também tinha um endereço na Bergstraat, mas a dama se mudou mais tarde para o bairro da Luz Vermelha. Naquele bordel, se entrava pela porta da frente e se saía pela dos fundos. A gente acabava em outra rua, o que garantia certa discrição.

Depois de encerrar minhas atividades pelos lados do Singel, ia muitas vezes a um cais, o Ruysdaelkade, e à Van Ostadestraat. Era ali que fazia programa uma mulher de peitos generosos, uma tal de Anne, que fora levada para um campo de concentração nazista durante a Segunda Guerra. Trazia um número tatuado no braço e sua vida não tinha sido fácil. Anne não durou muito tempo. Até onde se sabia, tinha problemas cardíacos, mas pode ser que seu marido, boxeador, a tivesse espancado.

Na Van Ostadestraat, também visitei muitas vezes uma garota, esqueci o nome, que sempre agradecia pelo que você havia feito com ela. Claro que era um exagero: apenas uma questão de grana. Ela me contou certa vez que administrava as finanças de um homem de idade. Eu imaginava que ela fosse séria, mas aparentemente não foi o caso, já que ela desapareceu sem avisar. Recebi mais tarde um telefonema de alguém que a procurava. Era o homem de cujos negócios ela cuidava. Acho que ela o tinha pelado. Sei por experiência que esse tipo de coisa acontece com frequência. Hoje as garotas usam pó direto, essa é uma das causas da degradação da profissão. Os clientes usam também, a tal ponto que não conseguem gozar, transferem suas frustrações para as garotas, as tratam como vigaristas e ameaçam ir à polícia ou exigem o reembolso do dinheiro. Para terminar minha história, faço questão de dizer que antes a gente também chamava as garotas de "temeier". Trata-se na origem de uma palavra judia para puta. O ambiente era então muito mais bacana do que hoje.

Meus votos de sucesso para este livro,
Hans Pietersen, Amsterdã

A Oude Nieuwstraat
Martine, 2011

UM GRUPO DE GAROTAS CHEGA, um copinho de café na mão. Atrás delas as rodinhas de suas malas giram fazendo um barulho de matraca. Depois de pegarem uma chave na esquina, buscam a vitrine atrás da qual deverão permanecer sentadas durante todo o dia. Algumas fazem realmente cara feia. Estão cansadas antes mesmo de ter começado.

O bordel em que minha vizinha e eu trabalhamos é independente. Por enquanto. Na rua, só há mais dois prostíbulos privados. O restante está agora nas mãos de uma organização que distribui as chaves no café da esquina.

Antigamente, não era permitido ter mais de um bordel – apenas meia dúzia de gatos-pingados possuía dois. Era muito melhor, a gente sabia onde estava pisando. Hoje em dia, é muito difícil de se virar com uma só casa de prostituição. O negócio está em baixa há anos e o Estado se mete em tudo. Somos obrigadas a ter um livro-caixa e não podemos mais aliciar clientes na rua. Até mesmo bater na vitrine é proibido. O fim da interdição dos bordéis só piorou as coisas. A gente não tem direito a mais nada. Antes, combinávamos tudo entre nós. Agora, nos impõem regras e tudo é anônimo.

Do outro lado, há três vitrines coladas uma na outra. As garotas que trabalham ali mudam quase todos os dias. Hoje, quem está fazendo programa é uma moça negra adorável, com botas de cano alto brancas, um minúsculo sutiã também branco e uma minissaia vermelha. Um piercing no umbigo e um colar prateado de pérolas em volta do pescoço. Cabelos pretos encaracolados e grandes brincos de prata na orelha. Ela abriu a porta e se balança para frente e para trás na soleira. Homens passam e olham para ela de soslaio. Ora, ora, carne fresca! Ela ainda não sabe muito bem como aquilo funciona. Ela se vira. No meio das costas, acima da bunda, surge uma tatuagem. A moça não tem mais de dezoito anos. Um belo homem de terno listrado entra com ela. Por sorte, aquela colou.

Sua vizinha acaba de chegar. Ela pendurou acessórios SM na vitrine, assim como um cartão amarelo com NL escrito dentro. Tem longos cabelos escuros e parece se aborrecer em cima do pedestal. Quanto aos seus seios, lembram duas bolas de futebol prestes a estourar. Faz muito tempo que ela está na rua, um dia aqui, outro um pouco mais longe. Sempre parece estar brava, a mundana. Esperou horas antes que entrasse seu primeiro cliente, que já tinha saído no fim de cinco minutos.

Atrás da terceira vitrine, há uma mulherona de 55 anos. Seus enormes seios saltam de seu sutiã gigante, mas são de verdade. Dá para notar. Ela se diverte. Com certeza se distrai sozinha.

Mais um dia em que não acontece nada. As mulheres estão ali sem arredar o pé. A número três acende um grande charuto. Um homem vai e vem já há algumas horas. Para do lado da minha vitrine. Eu o sinto, questão de faro. Digo para ele:

– Ei, que tal uma companhia diferente?

– Não – diz o mala. – Minha companhia tá com um cliente. Tô esperando ela ficar livre.

É tão egoísta de sua parte esperar do lado da minha porta. Não é bom para o negócio, mas ele não está nem aí mesmo assim.

Ponho a cabeça para fora.

– Já tô por aqui com essa conversinha. Vai esperar na porta da outra.

– Tudo bem.

Ele vai embora sem pressa.

Agora são as duas da frente que estão em enrascada. A puta SM não suporta mais a nova colega que é uma tentação e não para de abrir a porta. A situação piora e elas acabam brigando, puxando os cabelos uma da outra. A patroa chega com um lindo e minúsculo tailleur azul e sapatos de salto alto. Manda que fechem a porta. E a jovem não tem permissão de falar com as vizinhas da frente. Me dá nojo ver como a tratam. É um escândalo. Ela precisa ganhar sua vida, não? E é tão difícil ser prostituta hoje em dia. Muitos homens são envenenados pelas drogas e pela pornografia na internet.

São seis horas da tarde e a Oude Nieuwstraat está outra vez deserta. As garotas do café da esquina param às cinco e meia. As rodinhas das malas giram em outra direção e os quartos de programa são limpos. O grupo seguinte só chega às oito horas da noite.

Uma sirene apita na Spuistraat. O que será que houve dessa vez? Vou até a soleira da porta. Não tem quase ninguém na rua. Um turista perdido pergunta onde estão as garotas de programa.

– Voltaram pra casa.

– Não dá pra ver mais nenhuma em lugar nenhum – comenta ele, irritado. – Parece que estamos numa cidade fantasma.

– Verdade, mas não posso fazer nada. Você só tem que me acompanhar.

Ele ri, constrangido.

– Afinal, por que não? Vamos.

– Não vai se arrepender, senhor.

Verdadeiros clientes, para sempre
Louise, 2011

ELE AMAVA COM PAIXÃO as mulheres do bairro da Luz Vermelha. Era sua vida. Com seus colegas, vinha quase todos os fins de semana para De Wallen. Cada um deles tinha sua garota de programa titular. Havia amor, amizade e confiança. A liberdade para os homens. Não traziam obrigações, apenas a grana para as meninas atrás da vitrine. O que pedir mais? Se pelo menos ainda fosse assim. Onde foram parar os anos dourados em que a gente se divertia juntos?

Minha irmã e eu caminhávamos em IJmuiden, onde moramos hoje, quando vimos chegar alguém ziguezagueando em cima da sua bicicleta.

– Ei, meninas, faz uma década. Como vão, belezinhas? Vocês continuam muito apetitosas.

Ele se contorcia de rir e seu olhar pousava sem parar em uma e em outra.

– O que vocês estão aprontando em IJmuiden?

– Bem, a gente mora aqui. Tá bom pra você? E você, o que tá fazendo aqui?

– Estou em uma cabana à beira-mar, no meio de outras pessoas de Amsterdã, com minha mulher. Já tem um tempinho que veraneamos aqui. Acabei encontrando uma garota pra mim.

– E você faz ela feliz, Fred?

– Claro, sou um rapaz de ouro, não?

– Ela teve sorte, mas onde tá ela?

– Na praia de nudismo. Fiz um bate e volta em Amsterdã, de lancha, e levei a bicicleta. Fui no bairro da Luz Vermelha, pra me aliviar um pouco. Dei uma gozadinha. Depois fiz um pequeno passeio e, upa, voltei a IJmuiden.

– Quer dizer que você não pode viver sem as garotas do De Wallen?
– Não, Marie. É um hábito antigo e não vou querer abrir mão disso por nada no mundo.
Fred saltou outra vez para a bicicleta, gritando:
– Tchau, meninas da Luz Vermelha!
Era Fred e, ainda por cima, em IJmuiden. Inimaginável. Como era sexta-feira, pedimos um peixe frito em um quiosque. Estávamos sentadas tranquilamente quando outro velho cliente chegou de bicicleta. Ele também pediu um peixe.
– Ei, somos velhos conhecidos, não?
– Ah, sim, agora lembro, Tine. Ele se chama Ron.
– Então, Ron, como vai você?
– Muito bem. Já faz um tempão desde que eu ia ver vocês pelos lados do Singel. No bordel da Kitty. Ela também era uma mulher bacana.
– Com certeza. A gente não sabia que você era de IJmuiden.
– Os homens têm as mesmas necessidades em todos os lugares. Vocês estão em posição privilegiada pra saber isso.
– Tem razão, Ron. Com você pelo menos podemos papear.
– Sim – disse Ron. – Mas, meninas, na verdade vocês continuam me interessando. Eu estaria disposto a um ménage à trois.
– Isso promete – falou Tine. – Vamos marcar o encontro. Vá ao meu "escritório" na Oude Nieuwstraat. Não no bordel de Kitty, mas no de Katja.
– Ah, sim, Katja... Já conheço ela.
– Onde foram parar aqueles bons tempos, hein, Ron?
– Pois é... Disse tudo.
A gente terminou o peixe e Ron subiu na bicicleta.
– Meninas, vou ligar pra vocês na semana que vem pro nosso ménage.

Uma vez puta...

É VERDADE, MAS TÃO VERDADE que é por isso que a gente fala do assunto.
   E por que guardaríamos segredo?
   Uma vez puta, sempre puta?
   Uma vez cliente, sempre cliente?
   É assim, ponto final.
   Um bocado de antigos clientes nos viu começar. Clientes de longuíssima data permaneceram fiéis. A gente teve direito sucessivamente a um bate-papo, a um prato de arenque cru servido com cebolas, a um passeio, a uma xícara de café, a uma tarde na cidade, a um cinema, a compras bacanas, a uma visita à joalheria, a sapatos da Meijer da Nieuwendijk, a saltos agulha, a uma jaqueta de couro da loja Lex, a doces na confeitaria, sempre as duas, mas não com o mesmo cliente. A presentes para as crianças, a uma semana inteira de férias com tudo pago, a uma escapada de um dia e, para coroar tudo, a convites para jantares em restaurantes...
   Essa relação pelo menos sempre se manteve.
   A gente levou uma boa vida assim.
   O que traz essa suposta fidelidade?
   Não se vai viver na ponta do lápis, não é?
   Com um bom cliente a gente aproveita a vida juntos e divide também as pequenas coisas do dia a dia.
   Isso não exige esforço algum.
   É evidente.
   Tudo é feito com bom humor.
   Cada um escolhe como quer viver. A gente decide o rumo da nossa própria vida, e só temos uma.

Quisemos contar tudo isso e fizemos tudo com muito prazer. Aliás, achamos que vai ser preciso escrever uma continuação para este livro.

Louise & Martine, IJmuiden, 2011

IMPRESSÃO:

Pallotti
GRÁFICA EDITORA
IMAGEM DE QUALIDADE

Santa Maria - RS - Fone/Fax: (55) 3220.4500
www.pallotti.com.br